THE RICH MONEY MINDSET

MINDSET

Money is Learned Backwards

Zeelah S. Davis

Published in 2025
By
HCP Book Publishing
197 Victoria Rose Boulevard
Mount View Estate
Spanish Town
Jamaica W. I.
www.clevelandomcleish.com

Cover Design by getcovers.com

ISBN: 978-1-965635-52-0 (paperback)

To my incredible wife,
A gifted writer in her own right,
whose unwavering belief in me has been my anchor,
and whose love has been my richest reward.
Thank you for being my constant support,
my sounding board,
and my greatest inspiration.

This book is as much yours as it is mine.

With all my love,
Zeelah S. Davis

ACKNOWLEDGEMENTS

First and foremost, I give thanks to God for the vision, clarity, and strength to write this book. Without divine guidance, none of this would have been possible.

To my amazing wife your love, encouragement, and creative spirit have been a constant source of motivation. Thank you for standing beside me, believing in me, and reminding me of my purpose when I needed it most.

To my family and close friends thank you for your patience, your feedback, and your faith in this journey. Your support helped shape this project into something meaningful.

To every reader, mentor, and teacher known or unknown who inspired the principles within these pages, I am deeply grateful. Your wisdom and example laid the foundation for The Rich Mindset.

Lastly, to you, the reader thank you for choosing this book. May it challenge your thinking, inspire new habits, and help you unlock the mindset that leads to true wealth internally and externally.

With gratitude,
Zeelah S. Davis

TABLE OF CONTENTS

Part I

Foundation: Shift Your Thinking

Part II

Mindset in Action: Habits That Build Wealth

Part III

Strategy: Move Like the Rich

Part IV

Multiplication: Make Money Work For You

PART I

FOUNDATION: SHIFT YOUR THINKING

CHAPTER 1

MINDSET OVER MILLIONS

What if getting rich had less to do with luck or hustle and everything to do with mindset and daily habits? In today's world, where someone can go viral and make a fortune overnight, it's easy to believe success is just a swipe or trend away. But if that were true, why do so many still feel broke, even after the money comes? Whether you're in the fast pace of city life or the quiet rhythms of a place like Jamaica, one truth remains: without the right mindset, wealth doesn't last. If you really want to thrive no matter what the economy looks like, it starts with how you think, what you value, and the habits you live by every day.

There's a quote I came across from Pelé, one of the greatest footballers to ever walk this earth: *"Success is no accident. It is hard work, perseverance, learning, studying, sacrifice, and most of all, love of what you are doing or learning to do."*

Sounds solid, right? However, I must admit that there were times when I questioned whether it still holds true today, especially when you consider how the world operates now.

Take, for example, Jamaica, a place I'm proud to say I have roots in. I mean, who wouldn't want to be tied to an island where it's sunshine and sea all year round, where coconut trees sway and the beach is never far? But like most beautiful things, there's a harder side too. Jamaica also has one of the highest murder rates in the Caribbean, and maybe even the world. Still, that's not the whole story. Just like in any country, there are areas where life flows peacefully and people live normal, everyday lives. So it's never black and white.

Here's where it gets interesting: in that same Jamaica, you'll see luxury cars getting totaled on highways, week after week. Some people treat it like it's normal. But bring it up, and you'll likely be labeled as having a "bad mind," which, in local slang, means you're jealous or bitter because you don't have what someone else has. But I'll just say this and move on: easy come, easy go.

Nowadays, with Gen Z and even some members of Gen X, success can take on a slightly different look. We've entered the age of content. With a smartphone and a little boldness, anyone can put their life online and become a star overnight. Some individuals are earning thousands of U.S. dollars a month simply by dancing, talking, or sharing personal stories on platforms like TikTok and YouTube. To them, this is living their "best life."

But where's the sacrifice? The hard work? The grind? What about studying your craft, building your character, or doing something meaningful?

And that's when I realized something big: *money alone doesn't make you rich.* There has to be more to the equation: more depth, more intention. And if we're going to discuss building wealth, then we also need to address mindset because how you think about money will shape what you do with it, and why you want it in the first place.

The next time you scroll past someone flaunting their lifestyle or chasing a quick buck, take a step back. Ask yourself: *Is this what lasting wealth looks like or is this just a highlight reel?* What really sets the rich apart isn't the money they show; it's the mindset they build behind the scenes, and that's where your journey begins.

Real wealth starts internally. If the mindset isn't right, the money won't stay.

Social media success can be misleading. Don't compare your process to someone else's moment.

Habits build wealth more reliably than hype. The world may have changed, but the principles of success haven't.

CHAPTER 2

THE REAL REASON YOU WANT TO BE RICH

I recall a story that changed how I viewed money, not just how to acquire it, but what it truly means to have enough. It's a simple conversation between two friends, but the lesson stuck with me for years. One question about wealth. One answer that revealed so much about the human heart. Let me share it with you.

Two friends were having a deep conversation about money. One was a young man in his mid-twenties, just starting out as an accountant. The other was an older gentleman in his fifties, a successful engineer who had started his own company after years in government work. His business had grown rapidly, and he was thriving.

The younger man, hungry for wisdom, asked the older one a thoughtful question: **"If someone gave you the exact amount of money you needed to retire today and live comfortably for the rest of your life, how much would that be?"** The older man thought about it and said, "Ten million dollars."

So the younger man followed up with a twist: **"Okay, but what if someone gave you twenty million instead? Would you take your ten and give me the other ten?"**

Without missing a beat, the older man said, *"No."* The younger man was puzzled. *"But you got more than you needed. Why not share the rest?"*

Now, pause here. What would you do in that situation?

That's the kind of question this book is here to explore. Not just how to get rich, but why you want to. If your mindset around wealth isn't right, no amount of money will ever feel like enough. You'll chase it endlessly without purpose or peace.

The Bible has something to say about this too:

Deuteronomy 15:11 (MSG) - *"Give freely and spontaneously. Don't have a stingy heart. The way you handle matters like this triggers God's blessing in everything you do, all your work and ventures... I command you: Always be generous, open purse and hands, give to your neighbors in trouble, your poor and hurting neighbors."*

That's why your reason for wanting wealth matters. If it's just about flexing or proving something, it'll come and go like sand through your fingers. But if it's about solving problems, yours and others', then it becomes a tool for purpose.

Here's the truth: **money solves problems.** The more you have, the more problems you can help solve. But that only happens if your mindset is right. Which brings me to another powerful reminder:

Romans 12:2 (NIV) - *"Do not conform to the pattern of this world, but be transformed by the renewing of your mind. Then you will be able to test and approve what God's will is—his good, pleasing and perfect will."*

So, before we go any deeper in this book, ask yourself honestly:

- Why do I want to be rich?
- What would I do with wealth if I had it right now?
- What kind of person am I becoming in pursuit of it?

Getting rich isn't the goal; becoming someone who can handle wealth is the real win.

If you want to change your life, you have to first change the way you think.

CHAPTER 3

VICTORY STARTS IN THE MIND

"One who believes in himself has no need to convince others." —Lao Tzu

"If you can see it, you can achieve it." —Napoleon Hill

These statements may sound like a motivational cliché, but they are rooted in a powerful truth: the mind is the battlefield where victory is won or lost long before anything happens in the physical world. Champions know this. That's why elite athletes often spend the night before a major competition in solitude, not training or pushing their bodies, but visualizing. They see every step, movement, and detail of their performance, from settling into the blocks to hearing the starter's gun to crossing the finish line first, hands lifted in triumph. This is known as mental rehearsal, and it's a habit shared by nearly every high achiever across various industries. Before they experience success outwardly, they embrace it inwardly. They adopt a mindset of victory.

What separates the wealthy from the wishful isn't always resources; it's readiness. It's the ability to see themselves walking into rooms of opportunity, managing wealth wisely, solving problems, and leading with confidence. This kind of thinking doesn't happen by accident. It must be practiced intentionally.

The Bible says in Proverbs 23:7a (KJV): **"For as he thinketh in his heart, so is he."**

What you see in your mind eventually shapes what you see in your life. If you consistently visualize failure, limitation, or fear, your actions will align with those beliefs. However, if you cultivate vision, confidence, and strategy, your life begins to align with those expectations.

Visualization isn't magic, it's mental preparation. When you imagine yourself winning, your brain begins to lay the groundwork for that outcome. It's as if you've run the race before it even begins. Here's what visualization does:

- Program your subconscious for success.
- Reduces fear by building familiarity.
- Improves confidence and focus.
- Strengthens your commitment to goals.

This is why athletes, speakers, entrepreneurs, and visionaries take the time to be still and reflect, visualize, and mentally walk through what they desire. Victory starts long before the spotlight hits.

In today's noisy, distracted world, finding quiet space can feel like a luxury. But stillness isn't just restful, it's strategic. It's where clarity takes root and confidence forms. Athletes often step away from the noise before a major game, not to avoid the pressure, but to own their outcome in their mind first.

You must do the same.

Habakkuk 2:2 (NIV) says: **"Write down the revelation and make it plain on tablets so that a herald may run with it."**

What vision are you writing down? What future are you mentally rehearsing? The more clearly you see it, the more likely you are to move toward it with boldness.

The Rich Money Mindset is more than just a strategy, it's a spiritual and mental alignment with success. You don't stumble into greatness. You prepare for it. You see it. You rehearse it. You expect it.

Start each day by seeing yourself winning, closing the deal, finishing the project, walking in purpose, giving generously, and building wisely. Make it a habit to pause, envision, and mentally lock in. Before you hold victory in your hands, you'll carry it in your heart.

Adopt a mindset of victory. Train your mind, and your life will follow.

CHAPTER 4

THE BATTLE IN THE MIND

It's amazing how it always seems that the rich have it all together when it comes to being successful. Each time you encounter them, they are always pursuing a new venture or have achieved a marked milestone in their existing business, and now they are formulating new strategies to grow the business even bigger. On the contrary, there are some people who, each time you see them, they are in the same place you saw them months before, and the conversation surrounds all the various plans they have. There is one key statement that seems to always surface, and this is: "You know, if I only did this, then this will happen, and a whole suite of success will follow." However, they never do that one thing. They are just literally stuck.

I realize that some of the biggest obstacles in life and business aren't external; they're the ones we place on ourselves. These self-imposed limitations can quietly hold us back without us even noticing. I've wrestled with them myself.

Sometimes it's fear—the fear of failing, the fear of looking foolish, the fear of losing money. Other times, it's that nagging voice that says, *"Who do you think you are to try this?"* That kind of doubt can be paralyzing. I've also fallen into the trap of overplanning, and thinking everything had to be perfect before I could start. But the truth is, nothing ever is. Seeking that level of comfort can be dangerous. It whispers, *"You're okay where you are,"* even when deep down, you know you're meant for more.

What I've learned is this: if you don't believe it's possible, you'll never take the steps to make it real. Your mindset can either build your future or block it.

There was a time in my life when I found myself stuck in a dark mental space, trapped in a cycle of self-pity, feeling like life had moved on without me. I kept thinking I had missed my chance to contribute something meaningful to the world. In that place, I felt like the world was beating me up. The people I once shared big dreams with, the ones I grew up alongside, seemed to be thriving, while I felt left behind. Day after day, I heard my own inner voice repeating, *"You'll never amount to anything, Sebastian John"* (a name I use here to reflect that inner dialogue).

That kind of thinking is dangerous. It's like living out a self-fulfilling prophecy. It reminds me of the truth in Proverbs: **"For as he thinketh in his heart, so is he." (Proverbs 23:7 - KJV).** Negative thoughts will take root and shape your life if you allow them to. However, I've learned that you've to fight back, not just with actions, but also with your words and mindset. You have to speak life into yourself. I started doing just that. I drew strength from scriptures like Philippians 4:8 (NIV): **"Whatever is true, whatever is noble, whatever is right, whatever is pure, whatever is lovely, whatever is admirable—if anything is excellent or praiseworthy—think about such things."** This verse directly addresses the concept of breaking free from negative thought patterns and adopting a renewed mindset. It became a turning point for me. It helped me reframe my thoughts and provided a solid foundation to stand on.

You have to think bigger than your present situation.

Real change begins with your mindset, and when you start to apply habits of positivity, everything around you starts to shift. When you stop waiting and start making real changes, that's when things happen.

Everybody is going through something, and if they say otherwise, they are lying.

CHAPTER 5

PURPOSE IS HOW YOU DO IT

There's a quote by Joe Hudson that says, *"Purpose is how you do something, not just what you do."* That single idea challenges much of what we've been taught about success. We're constantly told to chase titles, to hit financial goals, to build bigger and faster, but real purpose doesn't always show up in the job description or in the salary figure. It reveals itself in the way we move through life, in the way we serve, lead, and show up.

Scroll through social media and you'll find countless offers promising a shortcut to fulfillment:

- Earn a six-figure income in 30 days.
- Scale your business to seven figures.
- Quit your job, sell everything, and move to the Philippines.

These headlines are attractive because they sell a dream of instant escape and quick transformation. But purpose isn't something you stumble into because of a viral post or a perfect online course. Purpose is something you cultivate. It grows out of intentional living.

Two people can do the same job, but one walks in purpose and the other doesn't. Why? Because one is present, focused, and committed to growth, while the other is distracted, disengaged, and just passing time.

Colossians 3:23 (NIV) puts it plainly: **"Whatever you do, work at it with all your heart, as working for the Lord, not for human masters."**

Purpose isn't just about the role, it's about the posture of your heart. You could be sweeping floors or leading a Fortune 500 company, and both can be deeply purposeful if done with excellence and integrity.

We live in a culture obsessed with speed. But purpose isn't something you can buy or fast-track. It's not hiding in a course or a new zip code. Purpose requires alignment. It means matching your actions with your values, and your work with your why.

Romans 8:28 (NIV) reminds us: **"And we know that in all things God works for the good of those who love him, who have been called according to his purpose."**

This verse doesn't promise an easy road, but it does promise that when we live in alignment with God's design, everything we go through—success or failure—can work for our good.

Sometimes we think we need to tear everything down to find purpose. Quit the job. Sell the house. Move across the world. But more often than not, purpose isn't found in a drastic leap. It's found in doing the next right thing, right where you are, with the right heart.

1 Corinthians 10:31 (NIV): **"So whether you eat or drink or whatever you do, do it all for the glory of God."**

That includes your daily routines, business, conversations, and parenting. Nothing is too small to be infused with purpose.

You don't need to chase purpose halfway across the world. You don't need to earn a certain income to be validated. Purpose is already within reach; it's in how you treat people, how you work, how you give, and how you grow.

So, the next time you feel stuck or uncertain, don't ask *"What should I do?"* Ask instead, *"How should I do it?"* Because the answer to that might just lead you straight into your purpose.

Live intentionally. Move with meaning. And remember, your purpose is not in the hype, but in the habit.

CHAPTER 6

SUDDEN WEALTH WON'T CHANGE YOU

There's a myth many people buy into: that more money will automatically solve their problems. That once they get that promotion, land that big contract, or finally "make it," everything will feel different. And, yes, money does bring certain freedom. But here's the truth: sudden wealth won't change who you are. It simply magnifies what's already inside.

You can go from broke to rich overnight, but if you're anxious, bitter, or emotionally unprepared, you'll wake up the next day still facing the same issues. The bank account may be different, but the inner world remains unchanged.

That's why real success has more to do with who you are than what you have. If you don't work on your character, mindset, and habits, money won't solve anything; it might even make things worse.

Not everyone is called to be an entrepreneur, and that's perfectly okay. We're not all wired the same way. Some people feel most fulfilled leading a team or building a company. Others are content serving in roles that keep the world moving quietly behind the scenes.

There's someone flipping burgers at a fast-food restaurant right now who feels at peace with their life. You may not understand it. You may even disagree with their interpretation of success. But if they've made peace with their choices and live with purpose and dignity, that is success.

Romans 12:6 (NIV) says: **"We have different gifts, according to the grace given to each of us."**

Your path may look nothing like someone else's, and that's by design. The key is recognizing and honoring the path that's right for you, not the one the world tries to impose.

Stories abound of lottery winners who lost everything within a few years. Why? Because they were given wealth they weren't prepared to handle it. The same issues that existed before the money—poor decision-making, fear, and insecurity—didn't vanish; they simply became louder.

Proverbs 13:11 (NIV) reminds us: **"Dishonest money dwindles away, but whoever gathers money little by little makes it grow."**

It's not just about the money, it's about the process. The journey of becoming someone who can manage wealth responsibly is often more valuable than the wealth itself.

When you grow slowly, you grow deep. You build wisdom, self-discipline, and perspective.

We live in a culture that equates flashy lifestyles with achievement. But real success is much quieter. It's found in purpose, peace of mind, strong relationships, and a clear conscience.

1 Timothy 6:6 (NIV) captures it well: **"But godliness with contentment is great gain."**

You don't have to chase someone else's definition of greatness. You don't have to prove anything to anyone. If your soul is healthy, your relationships are strong, and you're living out your purpose, that's more than enough.

Money is a powerful tool, but it's a terrible substitute for identity, peace, or purpose. Don't wait for wealth to work on becoming who you're meant to be. Start now. Grow into the kind of person who's not only prepared to receive blessings but also to sustain them. When success does come, whether slowly or suddenly, you'll want to be the kind of person who can carry it with grace, not someone crushed by its weight.

True wealth isn't found in what you have. It's in who you are becoming.

CHAPTER 7

REDEFINING RICH

In my second book, *From Broke to an Abundance Mindset,* I spoke about my grandmother, who lived a simple and contented life. Despite not being rich, my grandmother always seemed genuinely happy. There was a calm confidence in how she carried herself, and she made the most of what little she had. Somehow, she managed to stretch her resources far enough to provide for her family and ensure her children had access to a good education. She had a small kitchen garden tucked beside the back steps, which she carefully tended, that seemed to supply the kitchen with an endless bounty. Because of that, the kitchen never felt empty, and there was always something to cook.

Each time I reflect on her, it's obvious that the idea of abundance had nothing to do with material wealth. It was about making do, sharing, and trusting deeply that God would always provide. That quiet faith, combined with resilience and a strong sense of community, gave her a kind of richness that money couldn't buy.

By today's standards, one could say she was poor because she did not have a large bank account and the other things that are typically associated with being rich. However, she was the one who was always contented, genuinely happy, had an endless supply of bounty for her kitchen, and ensured her children had access to a good education. One would have to ask whether she was really poor or actually rich. Or maybe it's time to rethink the world's definition of what it means to be rich.

As important as money is, I've come to realize that it doesn't guarantee happiness. Don't get me wrong, having money can make life more comfortable. It pays the bills, eases stress, and gives you options. But real happiness? That comes from something deeper. And that is what my grandmother undoubtedly had. Some of my most peaceful moments had nothing to do with how much money I had. It was the laughter with close friends, quiet moments of gratitude, or simply knowing I was living with purpose. I've also seen people who had more money than they could ever spend, yet they still felt empty inside.

So, yes, money is a tool that can support happiness, but it can't replace the things that truly matter. Joy, love, peace of mind, those aren't for sale.

While the Bible doesn't say "money does not buy happiness" in those exact words, several scriptures reflect a message that wealth alone doesn't bring true joy, peace, or fulfillment.

Ecclesiastes 5:10 (NIV): "Whoever loves money never has enough; whoever loves wealth is never satisfied with their income. This too is meaningless."

Luke 12:15 (NIV): "Watch out! Be on your guard against all kinds of greed; life does not consist in an abundance of possessions."

CHAPTER 8

WHEN MONEY FEELS LIKE OXYGEN

There's a quote I heard recently that hit harder than most financial advice I've ever come across: *"Money is like oxygen. You can't live without it, and when you don't have enough, it feels like you can't breathe."* It's a sobering truth. If you've ever been broke, buried in bills, or overwhelmed by financial stress, you know exactly what that quote means.

Let's be honest: too many of us are caught in a cycle where all our money goes to pay bills, buy things we don't need, or worse, impress people who don't even like us. We work hard, but our paychecks disappear the moment they land. Why? Instead of directing our money toward assets or opportunities, we spend it trying to maintain appearances.

Often, we don't just buy things we don't need, we go into debt to do it. We pay for clothes, electronics, or outings that don't improve our lives in any meaningful way with credit cards. It's like trying to catch our breath while slowly suffocating under the weight of things that don't matter.

Ecclesiastes 10:19 says, **"Money answereth all things."** **(KJV).** That verse isn't glorifying greed, it's reminding us that money is a tool—a resource. It gives us options, solves problems, and creates access. When used well, it brings peace. When mismanaged, it becomes pressure.

So here's the question we must all ask ourselves: **Is my money going toward things that breathe life into me or toward things that slowly drain it?**

Are you spending your money:

- To impress people who don't even notice?
- To maintain a lifestyle you can't afford?
- Or to build something that will give you freedom, options, and peace of mind?

If your answer points to the first two, it's time to rethink your financial habits.

The rich money mindset doesn't treat money like a trophy to be flashed around. It treats money like oxygen: essential, quiet, life-giving—something to be managed with wisdom, not wasted for attention.

You don't need to show off your wealth. You need to **use** it to build access, invest in growth, create income streams that keep flowing whether you're working or not.

That's why one of the worst financial traps you can fall into is trying to prove your value through what you buy. Money doesn't respond well to noise. The moment you start using it to shout "Look at me!" you lose the quiet power that comes from discipline, strategy, and focus.

Instead, ask yourself:

- What can I buy that will increase my value?
- What can I invest in that will give me more time, freedom, and impact?
- What financial habits are keeping me from breathing?

Wealth is oxygen and the more wisely you use it, the freer you become.

So take a breath. Get honest. Start channeling your money into things that actually give life, because looking rich and being rich are two very different things, and one of them will help you finally breathe easy.

CHAPTER 9

PREPARED FOR ANYTHING

"Plan as if the Lord isn't coming back for a hundred years, but live with the heart and urgency as if He's coming tomorrow." —Unknown

This phrase serves as a reminder to me to live a life of purpose and readiness, maintaining daily spiritual devotion while also engaging in thoughtful, long-term planning. This encourages responsible, wise, and forward-thinking living, such as investing, building a career, raising a family, or setting long-term goals. It means being diligent and not neglecting your earthly responsibilities; living each day with spiritual readiness, a pure heart, and a sense of urgency, kindness, and purpose, as if you might stand before God at any moment. Be ready for both eternity and the next opportunity.

Now that we've acknowledged the eternal perspective, let's discuss the practical side of living wisely and preparing for the road ahead.

One thing I've learned is this: Don't wait for hard times to get ready. Start preparing before trouble knocks at your door. Because, like it or not, difficult seasons will come. Economists often say that recessions hit about every ten years. We may not know the exact timing, but we do know they're part of the cycle. The real question is, will you be ready when it happens? It's not just about hardship. The same principle applies to opportunity. You don't want to be caught scrambling when a golden opportunity shows up, whether it's an investment, a career move, or a chance to build something meaningful. That's why now is the time to build your discipline, expand your knowledge, and gather your resources. So when that door swings open, you can walk through it confidently, not as someone who got lucky, but as someone who was prepared.

Ecclesiastes 11:4 (NIV): "Whoever watches the wind will not plant; whoever looks at the clouds will not reap."

2 Timothy 4:2 (NIV): "Be prepared in season and out of season; correct, rebuke and encourage—with great patience and careful instruction."

In life, storms and opportunities often arrive unannounced. The difference between being overwhelmed and being ready comes down to what you do today. Preparation isn't just about stocking up for a crisis, it's about shaping a mindset that's grounded, alert, and faithful. When you live with both an eternal perspective and practical discipline, you position yourself to thrive regardless of the season. That's what it means to have a rich money mindset: one that's not just hoping things work out, but planning, sowing, and showing up like someone who's truly prepared for anything.

CHAPTER 10

THE CHANGING SEASONS

Just as night always follows day, change is a constant in life. Seasons come and go, some welcomed, others not. But whether we embrace them or resist them, they arrive just the same. With each new season comes the opportunity to grow, learn, and evolve.

Many of us are creatures of habit. We build routines, settle into comfort zones, and grow attached to how things have always been. There's safety in predictability. But when the seasons of life shift, and they always do, that same comfort can become a cage.

Sometimes, the refusal to change isn't just about comfort, it's about fear. We fear the unknown. We fear losing control. We fear that the change will be more challenging than what we're accustomed to. But here's the truth: resisting the season won't stop it from coming, it will only keep you from growing through it.

Ecclesiastes 3:1 (NIV) reminds us: "There is a time for everything, and a season for every activity under the heavens."

This verse highlights a powerful truth: life is not meant to stay the same. Seasons were designed to shift. If you stay stuck in yesterday's mindset, you'll miss today's opportunities.

When the season changes, narrow thinking can be dangerous. You may try to force old strategies into new realities, only to grow frustrated when nothing works. This is where many get stuck; they don't want to let go of what used to work. But holding on to the past keeps your hands too full to receive the new.

Even success can be dangerous if it makes you resistant to change. The same formula that got you ahead in the last season may not carry you in the next. That's why discernment is so important; you need to know when to hold firm and when to shift.

Isaiah 43:19 (NIV) says: "See, I am doing a new thing! Now it springs up; do you not perceive it? I am making a way in the wilderness and streams in the wasteland."

God is often trying to lead us into something new, but we're too busy clinging to the old to notice. The discomfort you feel might not be a sign that you're off course, it may be proof that the season has changed.

Successful people, both spiritually and financially, know how to adapt to the seasons. They don't panic when winter comes. They prepare in advance. They prune when it's time to prune. They plant when the ground is fertile. They harvest when it's time to reap.

But that kind of wisdom doesn't come by chance. It comes through awareness, humility, and a willingness to let go of what no longer fits.

Are you still trying to operate in an old mindset? Are you carrying habits into this season that no longer serve you?

Growth requires movement, and movement often begins with surrendering what is familiar.

Understand that life is seasonal, and each phase serves a purpose (see **Ecclesiastes 3:1).**

Be sensitive to what God is doing now, not just what He did before (see **Isaiah 43:19).**

Proverbs 3:5-6 (NIV): "Trust in the Lord with all your heart and lean not on your own understanding; in all your ways submit to him, and he will make your paths straight."

Sometimes, the change that feels like disruption is actually divine direction.

Change may be uncomfortable, but staying the same in a shifting season can cost you more than you're willing to lose. Growth lives on the other side of flexibility. If you want to thrive—not just survive—then learn to adapt to the changing seasons, because night will inevitably follow day, and seasons will shift. Those who grow are the ones who are willing to change.

PART II

MINDSET IN ACTION: HABITS THAT BUILD WEALTH

CHAPTER 11

WORK THE HABIT, NOT THE HYPE

Skip the shortcuts. Build the habits that actually build wealth.

I've been there: stuck in my own head, overanalyzing every move, trying to come up with the "perfect" plan that guarantees success. I told myself I was being strategic, but really, I was just delaying. I was afraid to fail.

What I've learned, though, is that waiting for the perfect plan is the quickest way to get nowhere. The truth is, most businesses fail within the first two years. That's not to discourage anyone, it's just reality. But failure isn't the end. It's the classroom.

When you take action, even if things don't work out, you walk away with something valuable: experience. You learn what doesn't work, and that gives you a choice: either shift gear and try something new or go back to the drawing board and rebuild with real insight this time. But none of that happens if you keep waiting. Stop overthinking. Start doing.

Ecclesiastes 9:10 (NIV): "Whatever your hand finds to do, do it with all your might, for in the realm of the dead, where you are going, there is neither working nor planning nor knowledge nor wisdom."

I recall a quote I heard some time ago that addresses the key to success. It went something like this: *"Everyone is looking for the magic pill to success. The one key ingredient. The one single key to success. There isn't one key. There are many. You have the keys, and you have the locks, you just have to do the work."*

I've seen that truth play out over and over. So many people want a way out of poverty, but most are looking for shortcuts. The quick fix. The snap-your-fingers kind of solution. Or worse, the *"name it and claim it"* mindset that's taken hold in some circles, especially in the church. But let's be honest: wishing alone doesn't build anything. People want the rewards of hard work, but they're trying to skip the work. It doesn't work like that. You have to show up, take the risk, and do the actual work, even when it's hard, even when it's messy.

This is where the real mindset shift occurs: transitioning from a waiting mode to a working mode. Waiting mode is disguised as preparation. You tell yourself you need more time, more clarity, more money, more confirmation. But deep down, it's fear in a polished outfit. Fear of failing, fear of being judged, fear of things not going according to plan.

Working mode is different. It says, *"I may not have everything figured out, but I'm moving anyway."* It's a mindset that sees motion as progress, even if it's messy or uncertain. Often, the clarity you're waiting for only comes after you start. When you act, feedback finds you. Momentum builds, and before you know it, what once felt risky now feels routine.

That's the shift: from asking, *"What if it doesn't work?"* to saying, *"Let's find out what happens when I try."*

Progress rewards those who are in motion, not just those who plan to move.

CHAPTER 12

GROW SLOW, GROW STRONG

There's something Morgan Housel once said that immediately took me back to my school days. It's a simple truth wrapped in deep wisdom. He said, *"Successful wealth building is a long-term process that requires discipline."* That one sentence lit up a memory from my childhood, not from a textbook, but from nature itself.

Now, Housel isn't the only expert to share this idea, but the way he communicates—humble, clear, and grounded— makes it resonate. He might shy away from the title "expert," given his background in behavioral economics and financial psychology. But in my eyes, that's exactly what he is: an expert at making complex ideas about money feel personal, practical, and real.

I was just a kid then, sitting in a dusty classroom, when our biology teacher assigned a project: draw and label the cross-section of a tree trunk. It sounded simple enough until we walked out into the schoolyard. A few trees had recently been cut down to make room for new classrooms, and those fallen giants became our canvas of discovery.

I remember running my fingers over the exposed rings of those trunks. Each ring marked a year in the tree's life. Some rings were tight and clustered; others were spaced far apart. Our teacher explained that the closely packed rings came from trees that grew slowly, over the course of years with limited sunlight, scarce rainfall, or poor soil. These trees, he said, were the hardwoods, dense, strong, and capable of withstanding powerful storms. The trees with wide, scattered rings were softwoods. They grew quickly in optimal conditions but lacked the resilience to withstand pressure when it came.

That lesson stuck with me. Years later, after experiencing the fury of Hurricane Gilbert, everything fell into place. The softwood trees toppled like dominoes. But the hardwoods? They stood their ground.

This, I realized, is how wealth should be built.

So many people chase quick money, the next hot investment, a shortcut to success, or the illusion of overnight wealth. But that kind of financial growth is like softwood: rapid, hollow, and fragile. True wealth, the kind that lasts through recessions, emergencies, and life's unexpected turns, is built slowly. It's about discipline, consistency, and long-term vision.

Like the rings of a tree, each habit, each smart decision, and each sacrifice builds upon the last. Over time, they form something solid, a structure that won't crack under pressure.

This is why patience is not just a virtue in wealth building, but a necessity.

The world loves speed. Social media bombards us with stories of people who "made it" quickly: a 20-year-old with millions in cryptocurrency, a startup founder who went viral, or an influencer earning six figures a month. But what you rarely see are the quiet, patient builders. The ones who invested for twenty years. The ones who lived below their means and stacked assets while everyone else was flexing. These are the hardwoods. They don't get much hype, but they have what matters most: staying power.

Galatians 6:9 (NIV) says: "Let us not become weary in doing good, for at the proper time we will reap a harvest if we do not give up."

This verse is more than spiritual encouragement. It's financial wisdom. Continue doing the right things with your money, such as saving, investing, learning, and growing, and you will reap the rewards, not instantly, but inevitably.

So let me encourage you today: don't rush the process. Grow slow, grow strong.

Whether you're at the beginning of your journey or already on the path, remember the trees. Let your financial life be like the hardwoods. Let it be steady, layered with wisdom, and ready to withstand whatever comes your way.

CHAPTER 13

ASK, LEARN, GROW

Pride blocks progress. Wisdom begins when you ask for help.

One of the most powerful but overlooked strategies in wealth building is this: ask for help.

In a world that glorifies independence and self-made success, we often confuse asking for help with weakness. However, the truth is that asking for guidance is one of the most courageous things you can do, especially when it comes to money.

Think back to your school days. Who did you rely on most? Your teachers. It was not because they had all the answers, but because they had the tools and experience to guide you through the learning process. Ironically, we often listened more to our teachers than our own parents. I can't count the times my kids have said, *"But Miss Brown says..."* as if it were the final word. Sometimes, it really was because they trusted her authority.

As adults, we need to return to that posture of humility. Learning doesn't stop when school ends. The stakes just get higher. You're now responsible for your finances, legacy, and future. The fastest way to sabotage that responsibility is to think you already know everything.

Wealth is not built in isolation. It's built in community through learning, accountability, and wise counsel. Surround yourself with people who are financially ahead of you. Read books from authors who challenge your perspective. Watch interviews from people who've done what you hope to do. Most importantly, ask questions. Be humble enough to admit what you don't know and bold enough to seek out the answers. Because when you do, growth is inevitable. You move from theory to practice. From scarcity to strategy. From potential to progress.

Proverbs 15:22 (NIV): "Plans fail for lack of counsel, but with many advisers they succeed."

Success doesn't happen in a vacuum. It happens through mentorship, through community, and through feedback.

James 1:5 (NIV): "If any of you lacks wisdom, you should ask God, who gives generously to all without finding fault, and it will be given to you."

This isn't just about asking people, it's about asking God. Invite divine wisdom into your financial decisions. Ask for insight, for strategy, and for patience, and believe it will be given.

In the Rich Money Mindset, asking isn't a sign of weakness; it's a step toward mastery. So ask. Learn. Grow. Because wealth begins when wisdom takes root.

CHAPTER 14

KNOW BETTER, DO BETTER

There's a name I need you to know, if you're serious about changing the way you think about money, life, and purpose: Dr. Olumide Emmanuel.

If that name doesn't ring a bell yet, open a new tab, type "The School of Money," and dive in. You'll find a library of wisdom in the form of YouTube videos and lectures that will change how you view money and wealth creation. I'm not exaggerating. Once you start listening, it's like unlocking a vault of practical, no-nonsense insights that are rooted in both financial principles and timeless wisdom.

Now, I'll be honest, his Nigerian accent might catch you off guard at first, especially if you're not used to hearing it. It did for me. But give him five minutes. That's all it takes. You'll stop noticing how he sounds and start absorbing what he's saying because when someone speaks truth with clarity and authority, their voice becomes background noise. The message is what matters, and his message is powerful.

There's one particular line he said that hit me the first time I heard it: **"If you don't know better, you can't do better."**

It's one of those simple truths that sticks. It reminded me that ignorance is not bliss, it's expensive. We often look at our lives and wonder why we're not further along, not realizing that what's holding us back isn't always a lack of effort; it's a lack of information.

You can't apply what you haven't learned. You can't grow beyond the knowledge you've been exposed to. That's why people who prioritize learning tend to move faster and go further, not because they're better than others, but because they're better informed. The true game-changer isn't just learning for the sake of it, but what you do with what you learn.

The Bible says in Proverbs 4:7: **"Wisdom is the principal thing; therefore get wisdom: and with all thy getting get understanding." (KJV).**

In other words, don't just collect knowledge; understand it, and then use it. Let it shape how you think, plan, and operate.

The wealthiest people I know aren't the ones who know everything; they're the ones who never stop learning. They read. They ask questions, and then they execute. They don't sit on wisdom. They activate it. Meanwhile, those who stay stuck often repeat the same patterns, hoping things will somehow magically improve. But as the saying goes, **"Nothing changes if nothing changes."**

When you start learning intentionally, you start living intentionally. You begin to see options where you saw only obstacles before. You begin to build solutions where others see dead ends. That's the power of knowledge; it expands your possibilities.

So here's the challenge: Don't settle for what you've always known. Level up. Seek wisdom. Invest in your growth. Most importantly, do something with what you learn because once you know better, you owe it to yourself to do better.

New information gives you new options, and new options lead to new outcomes.

CHAPTER 15

READERS ARE LEADERS

Over time, I've come to see reading as one of the most powerful upgrades I can give myself. It's kind of like updating your phone's software; those updates that promise better speed, tighter security, and cool new features you didn't even realize were missing. You wouldn't keep ignoring them if you cared about your phone's performance, right? Well, that's how I've started thinking about my mind.

Every time I pick up a book or explore a new idea, I feel like I'm giving my brain a much-needed update. It sharpens my thinking, challenges my assumptions, and introduces me to perspectives I might never encounter in my everyday life. Just like a phone that lags without updates, a mind that doesn't read starts to stall; it becomes resistant to change and vulnerable to mistakes that could have been avoided with just a bit more knowledge.

We live in a rapidly changing world, and staying sharp means continually feeding your mind. For me, reading isn't just a hobby; it's part of my personal survival kit. It keeps me grounded, curious, and ready for whatever's next. It's how I grow into the person I want to become.

To simplify the impact reading has had on me, I started seeing the word READ as more than just a verb; it became a mindset:

R – Reflect: Books give me space to pause, to think, and to process both new and familiar ideas.
E – Expand: They expand my world, connecting me to voices, cultures, and lessons far beyond my everyday experience.
A – Aspire: Reading inspires me to want more, dream bigger, and believe in greater possibilities.
D – Develop: Most importantly, it helps me grow mentally, emotionally, and even spiritually.

Here is another saying by Dr. Olumide Emmanuel: *"What you don't know, you don't know."* The first time I gave this phrase deep thought was when he said it. That's where many people fall short; they think that if something hasn't come up in their current knowledge, it must not matter. But that mindset can be dangerous. When you don't read, you're stuck in the limits of your own understanding. You miss out on the very knowledge that could unlock opportunities or help you avoid costly mistakes. The real danger isn't ignorance, it's being blind to the fact that you're missing critical information altogether. Reading helps uncover those hidden gaps and strengthens the foundation on which you're building your life.

It's something I've even noticed in airports: some people bury themselves in books while others are glued to their screens. Over time, you start seeing patterns. Often, the ones reading are also the ones moving in circles of influence, holding higher-paying roles, and leading conversations, not just reacting to them. It's not about race or background, it's about what you're feeding your mind. That's something to think about if you've ever said, *"I just don't like reading."*

There's a reason the phrase "readers are leaders" exists. I didn't just take it at face value; I looked into it, and now I see it play out constantly. Reading isn't just something I do, it's part of who I'm becoming. Every book I open is a step closer to the version of me that's prepared, equipped, and ready for success.

Readers are leaders!

There's a powerful scripture that says, "Knowledge is better than silver and gold." You'll find this truth echoed in Proverbs 8:10–11 and Proverbs 3:13–18. These verses remind us that wisdom and understanding hold far more value than material wealth. What better way to begin your journey toward gaining that knowledge than by simply picking up a book and reading? Each page read adds a little more nourishment to your mind and helps your knowledge grow stronger each day.

CHAPTER 16

LEARN FAST, APPLY FASTER

One of my wise friends gave me some advice I'll never forget: *"Don't chase money, chase knowledge. With knowledge, the money follows."* He was right. It's not the knowledge that sets you apart. **It's what you do with it.** You could boast that you read twenty-four books each year: two per month, but if you don't apply what you're learning, you're just gathering facts, not building a future.

A study suggests that if you don't apply something within 24 hours of learning it, you'll likely forget it or it won't stick in a meaningful way. But if you take action right away, you're 98% more likely to be successful with it. That stat alone should push you into action.

Of course, not everything will work perfectly the first time. Life has a way of throwing curveballs. You might apply what you learned and still not see the result you expected. But that's all part of it. That's how you grow. You adjust. You tweak. You learn again and keep moving forward.

While diving deeper into my research, I discovered that the quote *"If you don't know better, you can't do better"* is actually a variation of one often attributed to Maya Angelou: **"Do the best you can until you know better. Then when you know better, do better."** It's a gentle yet powerful reminder that we all act based on what we know at the time, and that real progress begins the moment we become aware that there's more to learn. **Awareness is the starting point, but action is where transformation truly begins.**

That's why now, more than ever, I believe in learning not just for today, but for tomorrow. For the businesses I haven't launched yet. For the next level I haven't reached yet. Training now, preparing now, seeing what others can't see yet, that's how you stay ahead.

Looking back, a lot of what we were taught in school seemed important at the time: history lessons, national heroes, dates and facts. While those had their place, it's only now that I realize something huge was missing: we weren't taught how to earn, save, manage, or grow money.

Most of us picked up our financial habits from well-meaning parents, teachers, and mentors who, let's be honest, were figuring things out just like us. That's why, once again, I say it: If you don't know better, you can't do better. But once you do know better, you owe it to yourself to act. So learn. Grow. Stretch. Then take what you've learned and build something real with it.

Proverbs 1:8–9 (NLT): "My child, listen when your father corrects you. Don't neglect your mother's instruction. What you learn from them will crown you with grace and be a chain of honor around your neck."

Romans 12:2 (NLT): "Don't copy the behavior and customs of this world, but let God transform you into a new person by changing the way you think. Then you will learn to know God's will for you, which is good and pleasing and perfect."

CHAPTER 17

DON'T CHASE MONEY, CREATE VALUE

"But remember the Lord your God, for it is he who gives you the ability to produce wealth." Deuteronomy 8:18a (NIV)

One of the biggest mindset shifts I've ever made was realizing that the secret to building real wealth isn't found in chasing money, it's in creating value. Whenever I hit a point where I needed more income, the answer wasn't in begging for money. It was in asking a better question: *What can I offer?*

The moment I shifted my focus to solving problems, helping others, and using what I already had to make someone's life better, the money started to follow. It didn't happen instantly, but it happened the more consistent I became.

I stopped praying for riches and started praying for opportunities to use my skills, ideas, and energy in ways that mattered. Scripture confirms this in Deuteronomy 8:18, which states: "But thou shalt remember the Lord thy God: for it is he that giveth thee power to get wealth." (KJV). This is also confirmed in Proverbs 10:22, "The blessing of the Lord brings wealth, without painful toil for it." (NIV). One could even say that we were not promised wealth but the ability to gain wealth.

Each time I leaned into those moments, the reward came, not just financially, but in peace, fulfillment, and purpose. Over time, I came to believe this truth: wealth is a byproduct of the value you bring into the world. It's not something you chase, it's something you attract through service, excellence, and consistency. That power doesn't always show up as instant riches. It often comes in the form of ideas, inspiration, open doors, or divine connections. But it's in those moments of obedience and service that value is created, and that's when wealth begins to flow.

So if you're feeling stuck or striving, pause and ask: *What can I give? How can I help? What problem can I solve?* Because when you lead with value, the money will follow.

CHAPTER 18

FINISH WHAT YOU START

The Wealth in Focused Effort

There's a quiet question many ambitious people avoid asking themselves: *How much is really enough?* In a world that glorifies hustle culture, multiple income streams, and constant activity, we often confuse more with better. But if we're honest, chasing too many things at once can leave us with nothing truly finished.

There's a popular saying: *"Don't put all your eggs in one basket."* It's sound advice in certain contexts, especially when it comes to financial investing. However, when it comes to building income, impact, or business, putting your energy into too many areas too soon can become your downfall. This is because focus builds momentum, and without momentum, your efforts remain scattered and incomplete.

I heard an analogy recently that explains this perfectly. Imagine having a single wine glass and a jug of water. You pour until the glass fills and begins to overflow. That overflow represents abundance, results, and completion.

Now imagine someone trying to be clever by pouring that same amount of water evenly across seven wine glasses. What happens? None of the glasses gets full. None overflow. Every glass remains partially filled. That's what it's like when you try to manage too many income streams at once. The result is a bunch of half-done projects, missed opportunities, and a feeling that you're always busy but never making progress.

This is where so many people get stuck. In an attempt to be "diversified" or appear like they're doing a lot, they scatter their energy and end up building nothing to maturity. Starting is easy. Finishing is what builds wealth.

Here's the truth most don't want to admit: you don't need seven income streams to become wealthy. You need one that works. Then, and only then, do you multiply.

Proverbs 21:5 (NIV) says, "The plans of the diligent lead to profit as surely as haste leads to poverty."

This verse reminds us that deliberate, focused effort is what leads to real returns. Rushing into multiple things without a clear path or maturity strategy may look ambitious, but often it's just mismanaged energy.

So, how much is really enough?

Enough is when you can give something your full attention, build it to a place of consistent return, and still have margin in your life. Enough is when your income grows without your sanity shrinking. Enough is when your habits create peace, not pressure.

Yes, there will be a time to scale, diversify, and build multiple streams, but start by mastering one. Pour into one glass until it overflows. Then pour into another.

Don't be fooled by the illusion that more always means better. Wealth isn't built by being busy; it's built by being effective.

So ask yourself honestly: *Am I multiplying too soon? Am I starting too much without finishing anything?*

In the rich money mindset, depth comes before expansion, and in the long run, what overflows is always more powerful than what is half full.

CHAPTER 19

DEFINE YOUR ENOUGH

The Balance Between Discipline and Enjoyment

There are countless stories of people who lived humble, unassuming lives, quiet, disciplined, and far from extravagant. Only after their passing does the world discover that they died millionaires. One such story is of a janitor who left behind nine million dollars. Throughout his entire life, he worked in silence, wore modest clothing, and never indulged in the comforts his wealth could have afforded him.

Now, let's be clear: there's wisdom in discipline. There's strength in choosing simplicity. But it begs a deeper question: what's the purpose of wealth if you never experience any of its blessings?

I'm not saying you should blow through your earnings or chase luxury for appearances, but we must find a balance—a place where financial stewardship meets purposeful living. Wealth isn't just about saving, it's about using your resources to build a life of value, joy, and impact.

Many of the truly wealthy live quietly, not because they're stingy, but because they've learned that money is a tool, not a master. They use it intentionally. They're not slaves to trends, pressure, or performance. They define their "enough" and live within it.

So, how much is enough for you? Is it financial freedom? The ability to retire early? Enough to take care of your children and your parents? Or is it simply peace of mind?

You need to define it because, without a clear definition of "enough," you will either fall into the trap of endless chasing or the fear of never enjoying what you've earned. Both are dangerous.

The truth is, money doesn't come with instructions. But you do get to decide how it serves you. Let it buy back your time. Let it create freedom. Let it empower you to give, grow, and live on purpose.

Just don't let it sit unused in a vault while life passes you by. Don't let it become your identity because, at the end of the day, **Money is a tool. You are the master.**

So again, I ask: How much is enough? Let your answer shape not just how you earn but how you live.

CHAPTER 20

MONEY IS NOT THE PROBLEM, YOUR MIND IS

Money without mindset is a wasted opportunity.

There's a popular verse in the Bible that says, *"Money answers all things"* (see Ecclesiastes 10:19). In today's world, that feels truer than ever. Whether it's paying bills, pursuing opportunities, or simply buying time and comfort, money seems to sit at the center of it all. But here's the deeper truth: money may answer many things, but it cannot answer everything.

If money alone were the solution, then everyone who suddenly came into wealth would live happily ever after. But we know that is not the case. Look at lottery winners, inheritance recipients, or even overnight business successes. Many of them end up broke, stressed, or even worse off than before. Why? Because **money without mindset disappears fast.**

Wealth without wisdom is like giving a sports car to someone who has never learned to drive. It may look

87

exciting at first, but without the skills and structure to manage it, a crash is almost guaranteed. Money is not magic. It doesn't automatically fix broken habits, poor decisions, or internal chaos. In fact, it often magnifies them.

That is why a rich money mindset must come before the money, because how you think determines how you manage. Your habits, discipline, and beliefs are the true foundation of financial freedom, not the dollar amount in your account.

Think about it this way: if you see money as a one-time blessing, you will likely spend it like one. But if you see money as a seed, something to be planted, nurtured, and multiplied, you will begin to build streams, not puddles. You will create systems that allow money to flow to you, through you, and beyond you.

Too often, people think their financial problem is lack. But most of the time, it's not about how much you have; it's about how you think about what you have.

Wealth isn't built from what you earn. It's built from what you understand. This is where the rich differ from the rest. They don't just make money, they manage, multiply, and master it. They think long-term. They make their money work for them instead of being enslaved to every paycheck. They treat money like a stream to be cultivated, not a bucket to be emptied.

So before you chase more money, ask yourself:

- Do I have the mindset to manage what I already have?
- Am I thinking like a builder or just a consumer?
- If I received a million dollars tomorrow, would I know how to keep it growing?

Because here's the hard truth: money is not your biggest problem. Your mindset is. Until that shifts, even the greatest opportunity can slip through your fingers and you end up back at zero, just like in the world-famous "LIFE" board game, where landing on red spaces triggers a penalty, which includes going back to the start of the game.

CHAPTER 21

STOP FLEXING, START BUILDING

We live in a world obsessed with appearances. From filtered social media posts to luxury cars on payment plans, it's easy to get caught up in the illusion of success. But here's the truth: flexing is often the enemy of building. While it may appear that someone is winning in the short term, it's the silent builders who ultimately win the long game.

Some people feel the urge to make a statement the moment they get a paycheck. They want to reward themselves, and there is nothing wrong with that. However, the problem arises when the reward becomes the goal, and discipline becomes an afterthought. That shiny new purchase might feel like a win, but it's often just a well-dressed loss.

Think about it: the excitement of buying a new car, a high-end gadget, or designer clothes can be intoxicating. You imagine how people will react, how it will boost your status, even if only for a moment. You picture yourself pulling up to the office, parking in that one visible spot, and soaking in the admiration.

But reality hits differently.

Most people don't care. They are too focused on their own lives to notice. Those who do care are likely to see past the performance because deep down, we all know: image isn't income. Perception isn't prosperity.

There's wisdom in simplicity. If you're driving a modest car, not because that is all you can afford, but because you're choosing to build instead of boast, you're ahead of the game. That's wealth thinking. That's what the rich money mindset looks like in action.

However, if you're barely making ends meet and still spending as if you've arrived just to keep up appearances, that's not only unwise but also dangerous. Pretending to be rich is a fast track to staying broke.

Here's what the wealthy understand: true wealth is quiet. Loud spending is often insecurity in disguise. When you see someone living below their means, investing behind the scenes, and staying focused on long-term growth, you're likely looking at someone who's building real financial freedom.

Financial independence doesn't come from showing off, it comes from stacking quietly. It's when your assets and investments start covering your expenses. It's when your money makes money, even when you are asleep. Most of all, it's when your lifestyle doesn't need validation from anyone else.

Proverbs 21:20 (NIV) puts it this way: "The wise store up choice food and olive oil, but fools gulp theirs down."

In other words, wise people build. They preserve. They plan. Fools consume with no thought for tomorrow.

Don't let your pride sabotage your progress. You don't have to prove anything to anyone. The only thing you need to prove is that you have the discipline to live for purpose, not performance.

So stop flexing. Start building. Because while flexing fades, what you build will last.

CHAPTER 22

MONEY DOESN'T LIKE NOISE

The richest people don't show it, they know it.

I can't take credit for the phrase "money doesn't like noise." It's been around for a while, long before I ever heard it. But the first time it reached my ears, something about it just stopped me in my tracks. It felt strange, like a riddle wrapped in truth. Almost like a paradox. Why? Because it didn't match what I was seeing around me. With loud exhaust on flashy cars, you can hear them before you even see them. They have bright, bold paint jobs that demand attention. They wear designer clothes with the price tags still hanging on for dear life like a badge of honor, proof that they cost a fortune. It was all noise. All spectacles. So, how could money possibly not like noise?

The more I sat with the idea, the more it started to make sense. That phrase "money doesn't like noise" wasn't about volume, it was about intention. See, when you're constantly showing off what you have, when you need people to see your wealth, hear it, and feel it, you're usually chasing something deeper. Validation. Approval. Attention. If you need the world to affirm your value, it's often a sign that you don't fully believe in it yourself.

The rich buy things simply because they can afford to. They're not breaking the bank or stretching beyond their means. It's not about showing off or being pompous, it's about living their best life. Or, in the voice of a Gen X, "I'm just doing me." Rich people live within their means. They manage their lifestyle and expenses so that they fit their actual income.

Poor people, on the other hand, buy what they can't afford, most of the time, to be seen and get attention from people. They spend tomorrow's money today. It's like eating next week's dinner now and hoping you'll find more food by then.

Real confidence doesn't shout. It whispers. Money, true and powerful money, is the same way. People who truly have it often don't feel the need to prove it. They're not on display. They're not flexing. They're secure because they've already done the work. They've already built the foundation. They know that wealth speaks loudest when it moves in silence.

Think about it like this: Success doesn't like noise either. That's why the loudest places where everyone's trying to be seen and heard are often the ones with the most people strolling about and around. That's why the ghettos are noisy, but the wealthy neighborhoods are quiet and still. There's something sacred about that stillness.

So, when I first heard the phrase "money doesn't like noise," it wasn't just a catchy saying. It was a reality check. A mindset shift. It reminded me that real wealth doesn't need to perform. It doesn't scream for attention. It moves with purpose, quietly changing lives and building legacies behind the scenes.

If you're truly aiming for that kind of life—a life rooted in freedom, peace, and long-term success—maybe it's time to stop chasing the noise and start moving in silence because that is where real money lives.

CHAPTER 23

ASSET OVER AESTHETICS

There was a time when I thought having nice things was the surest sign that someone was doing well. You know what I mean: designer jeans, the latest phone, flashy bags, expensive vacations. It all looked like success. But as I got older and a little wiser, I started to see the truth behind the curtain.

What I once admired was often financed by debt. Those designer jeans. Bought on credit. The flashy bag. More of a status symbol than a necessity. That new car. Eating up 20% of someone's income in monthly payments. Don't even get me started on the constant eating out, vacations funded by over-limit credit cards, or the gadgets bought out of impulse, not intention. In short: these are liabilities dressed up as luxury.

They looked good. They felt good for a moment. But they didn't add lasting value. They didn't produce income, growth, or freedom. They just drained money and left people stuck in the same financial loop.

Then I heard Frank's story.

I don't know Frank personally; he's a friend of a friend. However, his story stuck with me and became one of those quiet reminders that changed how I viewed money.

Frank used to work at a bank. He was skilled at his job, and like most people, he looked forward to the weekends and tried to make the best of his 9-to-5 routine. Two years before the pandemic, he purchased an expensive DSLR camera, one of those high-end ones, using a low-interest loan through his employee benefits. But, like many purchases made without a clear purpose, it sat untouched in a closet; it was just another shiny thing gathering dust.

Then COVID hit. His bank hours were cut. Suddenly, he had time on his hands and less income to rely on.

One day, with nothing else to do, Frank pulled out the camera. He read the manual. Watched a few tutorials. Then he walked down to the beach ten minutes from his house. There, he began experimenting with capturing video, adjusting light settings, and filming the motion of waves as they rolled onto the sand. That footage turned into his first YouTube video: *"Relieve stress and boredom with the sounds and motion of the sea."*

It blew up. People stuck at home during lockdowns found it calming, almost therapeutic. Encouraged by the response, Frank began uploading regularly sunrises, rain falling on palm trees, and birdsong in quiet forests. His videos created peace in a chaotic world.

Soon, YouTube offered him monetization. What started as a forgotten "liability" became an income-generating **asset.** Eventually, Frank walked away from his job at the bank to become a full-time content creator. Today, he earns a living helping others launch nature channels, using the same camera he once thought was just an expensive mistake.

Frank's story is a masterclass in mindset. He didn't just own a camera, he activated it. He turned something passive into something productive. That is the difference between a liability and an asset. An asset pays you. But not all assets are obvious. Sometimes they come disguised like a skill you've neglected, a hobby you've shelved, or a tool you've never used to its full potential.

Here's the bottom line: you can choose aesthetics, or you can choose assets. One makes you look good for a moment. The other makes you free for a lifetime.

Ask yourself:

- Is this purchase going to help me grow or just help me flex?
- Will this item generate income, value, or opportunity?
- Am I buying it to impress others or to invest in myself?

At the end of the day, wealth is quiet. It's not in the car you drive or the labels on your clothes. It's in the choices you make when no one's watching.

So choose asset over aesthetics. It's not about how it looks, it's about what it builds.

PART III

STRATEGY: MOVE LIKE THE RICH

CHAPTER 24

THE FOUNDATION OF A RICH MINDSET

"If you want something good, you've got to be willing to go through something hard." —Jamaican Proverb

In my previous book, From Broke to an Abundance Mindset, the focus was on possibility, the belief that there's more than enough to go around. It encouraged readers to celebrate the success of others without envy and to share knowledge freely, trusting that generosity would open new doors for everyone. That book was about breaking free from scarcity.

But this book is about building something greater. It's not just about believing abundance exists, it's about learning how to build it for yourself and for others. It's about the disciplined pursuit of financial growth. A rich mindset isn't driven by flash. It's not about quick wins or get-rich-quick gimmicks. It's about strategy. Structure. Purposeful choices.

The rich mindset starts with a simple but powerful decision: **to stop consuming and start building.** It's a shift from chasing to creating. Instead of focusing on spending money to look successful, the rich mindset focuses on acquiring assets that create ongoing income. It's about buying investments that pay you over time, rather than flashy liabilities that drain your resources and leave you with nothing but temporary applause.

At its core, the rich mindset is built on self-mastery, because wealth isn't just about money; it's about who you are becoming in the process of building it.

Think of it like building a house. You wouldn't put up the walls before laying the foundation. You certainly wouldn't start decorating before the concrete sets. The same is true for wealth. **Without the right mindset, everything you build will eventually crumble.** You need a foundation strong enough to support the weight of success.

Like any solid foundation, it takes time to pour. You have to be patient. You have to be consistent. You must let each layer settle before proceeding to the next. That is why the rich mindset values **delayed gratification.** It's not flashy. It's not always fun. However, it's the reason some people build lasting wealth, while others continually start over.

Rich people think long-term, while broke mindsets chase short-term thrills.

Your mindset shapes your habits, and your habits shape your outcomes. That's why mindset must come first.

Here's the truth: it's not always easy. But nothing valuable ever is. That's why the Jamaican proverb rings true *"If you want something good, you've got to be willing to go through something hard."*

Wealth doesn't come from wishing. It comes from *working* not just at your job, but on your *mind*. The richest people aren't just rich in dollars, they're rich in decisions. They've trained their minds to think differently, act intentionally, and move wisely.

The foundation of a rich mindset is what makes the rest of the journey possible. So don't rush past it. Build it strong. Build it deep. Because everything that comes next— freedom, impact, legacy—all stand on the ground you lay today.

CHAPTER 25

LEGACY THINKING AND THE VALUE MINDSET

"A good man leaveth an inheritance to his children's children:" Proverbs 13:22a (KJV)

I was surprised to learn that over 30% of American millionaires are Jewish. One reason for this is the culture's deep respect for wealth-building and legacy. In many Jewish communities, wasting money or making poor financial decisions is seen not just as irresponsible but shameful. Smart money management is part of their value system.

Proverbs 21:20 says, **"The wise store up choice food and olive oil, but fools gulp theirs down." (NIV).** That verse illustrates the distinction between those who plan for the future and those who live only for the present.

Even more inspiring is how seriously many Jewish families take the responsibility of preparing for the next generation. Wealth isn't just personal, it's generational. Their mindset is, *"I plant today so my grandchildren can eat tomorrow."*

There's a story from the Jewish Talmud that states: *"My grandparents planted a carob tree so that I would be able to reap its fruit. Now I shall do the same for my grandchildren."* That's the essence of legacy thinking.

I also recall a lesson from a friend of mine who was bidding on a used delivery bus. I knew the bus had some wear and tear, and the asking price seemed steep. I offered my perspective, but his response shifted my thinking. He said, *"As long as the value I get from using it covers both the repairs and the purchase cost, then it's worth it."* He gained that insight from someone far more successful, and it has stuck with him, and now with me.

That's the heart of a rich-money mindset. It's not about what something costs, it's about what it's worth to you.

Poor people often know the cost of everything. Rich people understand the value of everything.

CHAPTER 26

WHEN WISDOM ISN'T ENOUGH

You could be the wisest person in the room, capable of solving the most complex problems with clarity and insight, and yet still be ignored simply because you're poor.

Let me tell you a story you don't hear often. It's not fiction, and it's not found in a leadership podcast or a business seminar. It's tucked away in the Bible, in a quiet corner of Ecclesiastes.

There was once a small city with only a few people. One day, a mighty king came to attack it. He surrounded the city with his army, fully prepared to conquer it. By all accounts, the city was doomed. Outnumbered, outpowered, out of options.

But then something unexpected happened.

A poor, wise man in that city came forward. No one had paid him much attention before. He had no title. No money. No platform. But he had wisdom. And with that wisdom, he delivered the entire city.

He saved them all.

You would think that a man like that would be honored, remembered, and celebrated for generations. But he wasn't. In fact, after the crisis passed, no one even remembered his name.

Think about that.

A man saves a city and is forgotten, simply because he didn't look the part, because he didn't have status, wealth, or visibility.

This story, from Ecclesiastes 9:15, holds a sobering truth: **wisdom alone isn't always enough.** In a world that worships wealth, platform, and prestige, even the most powerful ideas can be ignored if they come from someone who lacks material clout.

It's not fair. But it's real.

This doesn't mean you should chase wealth for ego or applause. It means that if you want your wisdom to be heard, respected, and remembered, you might need more than just insight. You might need influence and influence often follows resources.

When wisdom is paired with wealth, it doesn't just whisper, it roars. It gets meetings. It opens doors. It builds things that last beyond the moment.

So, what's the takeaway?

Don't just seek to be wise. Seek to position your wisdom where it can make an impact. Build. Grow. Multiply—not for vanity, but for **volume,** so your wisdom doesn't fade into the noise but rises above it.

In this world, too often it's not just what you **know,** it's also what you **have** that determines who listens.

CHAPTER 27

FOLLOW WHAT THEY DO, NOT JUST WHAT THEY SAY

There's a lesson that has stuck with me through life and business: don't just do what people say, pay close attention to what they do. Words are easy. Actions reveal the truth.

So many times, we get caught up listening to advice from people who aren't actually living by it. They'll tell you to save money while they live paycheck to paycheck. They'll talk about entrepreneurship while never taking a single risk. They'll preach about financial freedom while drowning in debt. This is why observing behavior is far more valuable than simply taking instructions at face value.

If someone is where you want to be, study how they move. What habits have they developed? What sacrifices have they made? What disciplines do they maintain?

There's a concept in parenting known as **induction.** It's a technique that teaches children not just by telling them what's right and wrong, but by helping them understand the "why" behind their actions. Through this method, children develop empathy, learn to understand how their choices impact others, and start to exhibit responsible behavior.

Induction is powerful because it focuses on transformation through example, not force. It's about showing, not just telling.

That same principle applies to adults as well. Whether you're building wealth, starting a business, or pursuing purpose, you learn best by modeling behavior; not by memorizing theory, but by watching how successful people actually live.

Remember the childhood game "Follow the Leader?" It wasn't about who talked the most; it was about who moved. Everyone behind the leader simply did what the leader did.

In life, if you want to change your results, change your model. Stop listening to people who only speak of success; follow those who live it.

Watch how the wise spend their money. See how the disciplined manage their time. Observe how high performers think, plan, and act. Then copy their patterns until those patterns become your own.

This doesn't mean you lose your uniqueness or blindly copy others. It means you learn through movement. You grow through modeled action. It's what scripture often points to when it says: **"Whatever you have learned or received or heard from me, or seen in me—put it into practice. And the God of peace will be with you." Philippians 4:9 (NIV).**

Paul didn't just preach, he lived, and he encouraged others not only to hear his words but to imitate his walk.

The rich money mindset isn't built by theory alone; it's built through applied wisdom. The best way to gain that wisdom? Watch the steps of the people who have already walked the road. Let their consistency challenge your excuses. Let their example reshape your habits. Let their life remind you that real leadership is quiet; it doesn't boast, it moves.

So the next time someone gives you advice, ask yourself this:

- Are they living what they're preaching?
- Are their results something I want for myself?
- Am I watching their footsteps, or just listening to their opinions?

In the end, success isn't taught, it's modelled, and if you want to grow, don't just listen: **Follow the leader, follow the leader, do what the leader does.**

CHAPTER 28

CARRY YOURSELF LIKE SUCCESS, WORK LIKE YOU MEAN IT

Act like you're the best because when you carry yourself with that kind of confidence, people respond differently. As Jim Rohn once said, *"Act as if you are the best. No one is better than you."*

This isn't about arrogance. It's about setting a standard for yourself so high that it naturally pulls you upward. Confidence sends a signal to the world: *I belong here.* Some people may be uncomfortable with that but that's their issue, not yours. Never shrink yourself to make others comfortable.

I remember walking into a meeting once where I felt completely underqualified. Everyone else in the room had more experience, more connections, and more credentials. But I told myself one thing: *Walk like you belong, because you do.* I spoke with clarity and stood tall. To my surprise, people listened. That day, I learned a powerful truth: how you carry yourself shifts how others carry you.

But let's be clear: confidence without effort is just noise. You can't fake it forever. Dave Ramsey put it perfectly: *"Live like no one else, so later you can live like no one else."* In other words, do what most won't so you can live how most can't. That means pushing beyond mediocrity, showing up every day, and doing deep, intentional work.

Some of the most successful people I know aren't the most talented, they're the most consistent. They wake up early, study when others are sleeping, practice when others are relaxing, and invest when others are spending. They don't wait for motivation, they move on discipline. That's what gives confidence its edge: it's backed by preparation.

All of this reminds me so much of a saying we learned in primary school. I am sure you may have heard this before as well: *"The early bird catches the most worms."*

"Early bird" = A person who acts ahead of others, rises early, or prepares in advance.

"Catches the most worms" = Gains the biggest reward, benefit, or success.

When you combine real confidence with real effort, things begin to shift. You get noticed, not because you're flashy, but because you're reliable. You create momentum, attract opportunity, and most of all, earn the success you've been preparing for.

This is the heart of a rich money mindset: showing up with self-respect, pushing beyond comfort, and committing to the habits that lead to long-term wealth. Whether you're building a business, growing your income, or preparing for your next level, the formula is simple: believe in your value, then work like you mean it.

So don't just act like you're the best, become the best through daily action. Let your confidence rise from your preparation. That's how people start to see you differently because you've already started seeing yourself differently.

CHAPTER 29

SUCCESS LEAVES CLUES

There's a quote I've held on to for years, and it gets truer the more I grow: *"Success leaves clues."*

It was Jim Rohn who popularized this idea, and it's one of those simple phrases that carries a deep truth. Success isn't some magical accident. It's rarely luck. It's the byproduct of consistent habits, smart decisions, and intentional action, and most importantly, it's repeatable.

People who succeed in life often follow certain patterns. Call it modeling. Call it framing. Call it pattern recognition. Whatever name you give it, the principle is the same: if you study what works and apply it, you increase your chances of achieving similar results.

These patterns aren't hidden, but they do require you to slow down and observe. They show up in the routines of high performers, in the decisions of wise investors, and in the habits of financially free individuals. Success doesn't shout, it whispers. If you listen carefully, the clues are everywhere.

Let me break this down: two people can be standing face-to-face in the exact same environment and yet have completely different perspectives. Why? Because what you see depends on where you're standing. The same goes for success. Patterns only become useful when you learn to interpret them **from your own position:** your business, your market, your season of life.

That's why copying someone blindly doesn't always work. You have to extract the **principle**, not just mimic the **method.** Principles are portable. Methods are not.

One of the greatest traps is becoming a student of success without ever practicing it. You watch the videos. You read the books. You even take notes. However, if you don't apply what you learn, you're merely collecting information, not undergoing transformation.

Philippians 4:9 (NIV): "Whatever you have learned or received or heard from me, or seen in me—put it into practice. And the God of peace will be with you."

Application is the difference-maker. You have to live out what you've learned. That's how you gain wisdom. That's how you get results.

Think of people like Warren Buffett. He doesn't chase every opportunity. He invests in businesses he understands, with solid leadership and long-term growth potential. That's a pattern.

Consider Robert Kiyosaki, who teaches the importance of cash flow, asset accumulation, and financial literacy. Again, pattern.

You don't have to be them, but if you can think like them, if you can internalize the principles, they'll shape how you build, how you invest, and how you grow.

Growing up, I used to binge-watch Shark Tank. At first, it was just entertainment. But over time, I realized something deeper was happening. I was studying how successful people thought.

They weren't just evaluating businesses; they were evaluating patterns: Is the model scalable? Does the founder understand their numbers? Is the product solving a real problem?

That show trained me to think differently. It wasn't about copying what they did, it was about absorbing how they **decide**, how they **position**, how they **invest**. One episode changed the course of a business. One lesson changed the way I view value.

That's the power of paying attention.

Start looking at your life through the lens of patterns. What habits are helping you move forward? Which ones are keeping you stuck? Who are you learning from, and are you applying what they've shown you?

Success isn't some distant mystery. It's a map that's already been drawn. Every person who's done something great has left a trail. The question is: Are you willing to follow the clues?

Here's the truth: **if you know what they know, and you do what they do, eventually you'll win like they win.**

CHAPTER 30

THE POWER OF LEVERAGE: MULTIPLYING YOUR EFFORT, MAXIMIZING YOUR IMPACT

When I think about the concept of leverage, one principle immediately comes to mind, and that is the use of levers. It sounds simple, but it's incredibly powerful. Levers are force multipliers. They don't just help; they transform how much impact we can have.

Picture this: a lean, wiry guy trying to move a giant stone that weighs ten times more than he does. He pushes with all his strength, using his hands, shoulders, and grit, but nothing happens. It's not until he introduces a lever that everything changes. With that one tool, he can move the stone in any direction he wants. Same effort, completely different result. That's the beauty of leverage: it allows you to do more, often a lot more, with what you already have.

When it comes to leveraging strength, the Bible offers a beautiful truth in 2 Corinthians 12:9 (ESV): **"My grace is**

sufficient for you, for my power is made perfect in weakness."

That verse hits home for me. It reminds me that even when I feel weak or inadequate, there is a greater strength I can tap into, and that's a form of leverage too.

But let's bring this down to everyday life: what does it actually mean to have leverage?

At its core, leverage means having the upper hand, whether that's in a conversation, a deal, a negotiation, or any situation where advantage matters. It's not about overpowering someone. It's about positioning, perspective, and knowing how to work smarter.

Now, here's the game-changer: **How do you leverage other people?**

Since around 2015, the term "masterclass" has become popular. It's where top experts, people who have dedicated years to mastering their craft, share their knowledge with others. But the idea itself isn't new. Long before the term became trendy, these were referred to as seminars, workshops, or simply public speaking.

Attending a masterclass is a prime example of leveraging someone else's knowledge. Instead of learning through years of trial and error, you get the shortcut insights from someone who has already been through the fire, made the mistakes, and found out what works. Honestly, that's one of the smartest things anyone can do.

There are other ways too. Hiring, consulting, and outsourcing are all forms of leverage. You are gaining access not only to someone else's skills but also their experience, network, and resources.

Key Takeaways

- Leverage allows you to achieve more with less effort.
- It's about tools, knowledge, and smarter strategy, not more hustle.
- Learn from others instead of struggling alone.
- Leverage multiplies time, energy, and results when used wisely.

CHAPTER 31

CHOOSE THE RIGHT PEOPLE, MULTIPLY THE RIGHT RESULTS

Let me start with a word of caution: leverage only works if you choose the right people. The wrong people won't just stall your progress, they will pull you down. This brings me to something even more personal: relationships.

Ecclesiastes 4:9-10 (NIV) says, "Two are better than one, because they have a good return for their labor: If either of them falls down, one can help the other up. But pity anyone who falls and has no one to help them up."

This verse often applies to romantic relationships, but it's just as true in business and friendship. When two people bring complementary strengths to the table, covering each other's blind spots and amplifying each other's efforts, it creates a kind of synergy that's hard to beat.

Now, I'll be honest: this might sound selfish, but in any relationship, each person naturally thinks about what they'll gain. That's not necessarily a bad thing. In "The Value of

Others," Author Orian Teraban touches on the idea that people want something from others. I agree. In both marriage and business, we're often looking for someone who brings something we need to the table.

But again, a warning: just like with leverage, the wrong relationship can drag you down. The right one can launch you into your purpose faster and more powerfully than you could ever do on your own.

So take your time. Don't rush into partnerships. Whether personal or professional, be intentional. Learn who you're dealing with, what they bring to the table, and whether your visions align because when leverage is applied wisely with the right tools and the right people, it can change everything.

Key Takeaways

- People are a form of leverage; choose them wisely.
- The right relationships multiply momentum; the wrong ones multiply regret.
- Alignment in values and vision is essential to long-term success.
- Leverage is as much about WHO as it is about HOW.

CHAPTER 32

ALIGN TO RISE: THE POWER OF STRATEGIC CONNECTION

There's a quote I once heard in a film that stuck with me: *"Surround yourself with people who can make things happen, who can move the needle in your favor."* That simple idea unlocks one of the greatest accelerators of success: partnership.

Too many people try to do it all alone, driven by fear, pride, or the belief that sharing means losing. But the truth is, 1% of something is always better than 100% of nothing.

One of the most difficult things in my own journey was finding the right people and brands that aligned with my values and vision. A good partnership is more than just working together; it's about shared purpose, identity, and direction. When done right, it multiplies your reach, results, and resilience.

Learning how to work with people is a skill, and one that is often overlooked. It takes emotional intelligence, humility, and the willingness to trust. The reward is tremendous.

There's something I've been exploring deeply lately: the concept of strategic partnerships and their various forms. It's not just about splitting profits. Sometimes your best partner is a person. Sometimes it's software, an investor, a tool, or a mentor. Anything or anyone that brings resources, guidance, or momentum to your mission can be a partner.

When you partner with the right people, you can focus on your strengths while leveraging others' expertise in areas where you lack experience. It's the fastest way to grow, and it's often the only way to sustain success over time.

Partnership opens doors.

Partnership gives you access. It introduces you to rooms you couldn't enter alone. It creates social capital, the unseen value in shared trust, shared networks, and shared wins. Social capital is the foundation of community-driven success. It's what allows people to rise together rather than struggle alone.

Scripture puts it plainly: **Proverbs 22:1 (NIV)**, "A good name is more desirable than great riches; to be esteemed is better than silver or gold."

Favor, especially in the form of the right relationships, is more valuable than wealth. Without the right people, you will only get so far.

Consider Acts 3:6, where Peter says: **"Silver or gold I do not have, but what I do have I give you. In the name of Jesus Christ of Nazareth, walk." (NIV).**

The message? Impact doesn't always come from what you hold in your hands but who you're aligned with.

Jaspreet Singh, a modern financial educator, once pointed out that the system in which we're raised is not designed to build wealth. We're taught to go to school, get a job, and spend. However, what we're not taught is how to spend, what to invest in, or how to leverage relationships and partnerships to generate lasting wealth. That's why favor, wisdom, and collaboration are so powerful. They break the cycle.

I've seen it firsthand: people who seem to have everything —money, status, security—but no relationships. They value wealth over family, and it shows. Eventually, that emptiness catches up. But I've also seen those who may not have a fortune but are rich in relationships, and those people tend to rise, rebuild, and live with joy and a legacy.

Even in retirement, many still wake up early, get dressed, and go to work, not for the paycheck, but because purpose and connection still drive them.

In business and life, don't just chase resources, build relationships. Partner with people who challenge you, strengthen you, and open doors for you, and be that partner in return, because no matter how gifted you are, how big your dreams are, or how much grit you carry, you will never go far without the right people beside you.

CHAPTER 33

LEARN FROM MASTERS

The Wealth-Building Power of Mentorship

If you want to grow in a specific area, the smartest move you can make is to find someone who has already mastered it and learn from them. That's the principle of mentorship.

You don't need to figure everything out on your own. In fact, attempting to do so is often the long and expensive route. Mentorship compresses decades into days. It provides insight without requiring you to repeat the same mistakes others have already made.

A mentor is someone who shows you the road ahead, not to walk it for you, but to save you from the potholes and detours that can slow you down.

Here's the powerful part that I have come to know: mentorship doesn't always require a face-to-face relationship, and here is why I say this: One of my greatest indirect mentors is Kevin O'Leary, famously known as "Mr. Wonderful" from Shark Tank. I've never met him. However, by watching him on Shark Tank and paying close attention to how he makes decisions, I've absorbed key lessons that have directly impacted how I run my businesses and manage my finances. He taught me the value of discipline, the importance of making my money work for me, and the power of saying no to things that don't align with my long-term goals.

Mentorship can come from books, podcasts, YouTube videos, articles, or any resource created by people who have done what you want to do. Some of your best mentors will be people who don't even know your name, but their wisdom will shape your results.

The key is to find someone whose success you admire and absorb as much wisdom as possible from them. Study their habits. Note their principles. Watch how they think through problems. Pay attention to how they communicate, lead, and respond to setbacks. Success leaves clues, and mentorship helps you gather and apply them.

Proverbs 13:20 says, **"Walk with the wise and become wise, for a companion of fools suffers harm." (NIV).**

This scripture isn't just spiritual advice, it's financial insight. The people you walk with shape the outcomes you live with.

If you spend time around those who are careless with money, you will likely pick up those habits. But if you position yourself directly or indirectly under the guidance of someone who builds, multiplies, and manages wealth wisely, those same habits will begin to rub off on you.

Here are three types of mentors every person should seek:

1. **Direct Mentors** – These are individuals with whom you can speak, ask questions, and build a relationship. They're usually harder to find, but incredibly impactful when you do.

2. **Indirect Mentors** – These are successful individuals you learn from through their content, books, or teachings.

3. **Peer Mentors** – These are growth-minded friends or colleagues who push you to stay accountable and sharpen your thinking. They are a voice for you when you are not there, opening doors of opportunity on your behalf.

A rich mindset values mentorship. It doesn't see asking for help as a weakness, but as wisdom. It recognizes that proximity to greatness produces growth. If you want to accelerate your wealth-building journey, surround yourself physically or digitally with people who have already walked the road you are trying to travel.

Remember, you're always being mentored by someone. The question is: Are you learning from mediocrity or from mastery?

Choose your mentors wisely because the quality of your mentors will shape the quality of your mindset. As you are learning throughout this book, mindset is the beginning of everything.

If you want to go fast, go alone. If you want to go far, learn from someone who has already been there.

CHAPTER 34

THE CLONING EFFECT: MULTIPLY YOURSELF TO MULTIPLY WEALTH

Cloning, in scientific terms, is the process of creating a genetically identical copy of a cell or organism. More broadly, it refers to the duplication of any biological material, whether it's DNA, a single cell, or an entire organism.

But, for me, cloning took on a different meaning, one that had nothing to do with biology. Before I ever knew the science behind it, I had already stumbled upon the concept in a practical, real-world way. I used to think of it as leveraging the idea of utilizing other people's time and skills to multiply your results. But as the term "cloning" began to trend, I realized it was a far more accurate way to describe what I had been doing all along. It felt validating to learn that a concept I had practiced for years was actually "a thing." That realization gave me confidence. It meant I could now be intentional about it and scale it.

So, how do you "clone" yourself in business? The simplest way is to move from being an employee to becoming an employer. When you work a standard 9-to-5 job, you typically trade your time for money, earning a set income of around 40 hours a week. That is your limit. But the moment you hire even one employee working the same 40 hours, your output doubles to 80 hours a week. And with that increase in labor, your revenue has the potential to double, too, assuming the person you hire adds the same value as you.

Of course, not all employees generate equal income. Sometimes it takes two or three employees to replicate the income of one high-performer. But the formula holds: more hands, more hours, more income. That's how some business owners scale to earning millions. It's not magic, it's math. Hire 10–12 employees, and you multiply your work hours to 400–480 hours per week. Do that consistently, and you can achieve significant wealth within just 3 to 5 years.

Now, not everyone can afford to hire that many people all at once. Most of us have to build up slowly. I did. In 2016, I launched a small call center with 16 employees. As the business grew, we expanded to 30. Each new hire added another 40-hour workweek to our output. The revenue grew fast until the COVID pandemic hit. Like many businesses, we had to shut down.

But after the pandemic, we started again, this time with a different business and just two employees. That gave us a combined 80-hour workweek of productivity. From there, the strategy remained the same: gradually grow, hire wisely, and shift my focus away from daily operations to long-term business development. I haven't fully stepped away from the 9-to-5 grind yet, but I'm working toward that sweet spot of having 10 to 15 employees, and that is where the real magic happens.

PART IV

MULTIPLICATION: MAKE MONEY WORK FOR YOU

CHAPTER 35

THE KINDNESS ADVANTAGE

In the world of wealth building, there is a great deal of discussion about assets, investments, and scaling businesses. But there's one principle that often gets overlooked, yet it's just as essential: kindness. Being nice to people might sound overly simple, but it's one of the most strategic and powerful habits you can cultivate on the road to success.

At the core of every business is one undeniable truth: people. People are your buyers, partners, employees, and community. No matter how digital or automated things become, success still depends on your ability to connect, communicate, and build trust with others. When you treat people well, you lay the foundation for lasting relationships, and relationships are the soil in which every great opportunity grows.

Trust is currency. People don't just buy products, they buy from people they trust. They support brands they feel connected to. They refer friends to businesses where they felt seen, heard, and respected.

Proverbs 3:3-4 (NIV) says: **"Let love and faithfulness never leave you; bind them around your neck, write them on the tablet of your heart. Then you will win favor and a good name in the sight of God and man."**

When you consistently show kindness and operate with integrity, you gain something invaluable: favor. That favor often opens more doors than skill alone ever could.

Being nice doesn't mean being passive or avoiding tough decisions. It means leading with empathy, communicating with respect, and treating others as you would want to be treated. Here's why it matters:

- **Kindness builds loyalty.** People return to where they feel valued.
- **Kindness opens opportunities.** A single kind word can lead to a lifelong connection.
- **Kindness diffuses conflict.** It lowers defenses and builds bridges.

Even in tough negotiations or competitive environments, a reputation for fairness and decency will always serve you better than being known as cutthroat or rude.

It's easy to get caught up in the hustle of hitting goals and growing income, but never forget that people aren't stepping stones. They are the reason your business exists. Behind every sale is a story. Behind every customer is a need, and behind every connection is potential.

Romans 12:10 (NIV): "Be devoted to one another in love. Honor one another above yourselves."

This scripture reminds us that how we treat others is not just about reputation, it's about honoring their value.

If you're serious about building wealth that lasts, focus not only on what you build but on how you treat people along the way. Be the kind of person others want to work with, buy from, and support. Build your business with kindness at its foundation, and you'll not only thrive financially, but you'll also leave a legacy that reaches far beyond dollars.

Today, hold the door open, offer a word of encouragement, and respond with kindness and grace because in the end, people remember how you made them feel, and that memory can open more doors than any pitch ever could.

Be nice to people. It's not just good manners, it's good business.

CHAPTER 36

DO YOU WANT TO BE NOTICED OR BE GREAT?

There's a quiet truth that rarely gets spoken aloud: rich people don't care about being seen, they care about being great. Poor people, on the other hand, are often more focused on visibility than on true growth. That's not a criticism, it's a pattern, and like any mindset pattern, it can be unlearned and rewritten.

In today's world, we live in a culture of attention. We scroll endlessly, watching others flaunt their lifestyles, vacations, possessions, and highlight reels. For many, success is equated with visibility: if people see you, notice you, applaud you, it must mean you've made it.

But here's the truth: clicks and likes are not currency. They don't pay your bills. They don't build generational wealth. They don't create freedom. They simply signal to your brain, "I see you." That momentary validation can feel powerful, but it fades. If you build your identity on being seen, you'll constantly need more noise, more spotlight, and more applause just to feel like you're making progress.

That's not greatness. That's addiction to approval.

The rich—those who think long term—move differently. They understand that true progress often happens in silence. Their focus is on mastery, not popularity: building systems, not followers; creating assets, not chasing attention. The rich money mindset doesn't need to be praised, it needs to be productive.

Proverbs 13:11 (NIV) says, "Dishonest money dwindles away, but whoever gathers money little by little makes it grow."

That verse captures the heart of real wealth: consistent, quiet, disciplined effort, not loud declarations or showmanship.

This isn't to say that recognition is wrong. It's not. But recognition should be a byproduct of impact, not the goal. Wanting to be noticed can derail your potential because when your energy is spent on being seen, you lose time that could've been used to build something worth seeing.

Take a look at your social media habits. Are you using these platforms to build and learn? Or are you using them to be seen? For every post, every picture, every caption, ask yourself: *Does this add value to my life or someone else's? Or is it just another attempt at saying, "I matter?"*

The moment you start valuing excellence over exposure, your whole life begins to change. You become more focused. More intentional. More committed to what really builds your future. The likes may fade, but your habits won't, and habits are what lead to greatness.

The rich money mindset understands that wealth isn't loud. Greatness doesn't need a stage; it speaks for itself through results, legacy, and quiet influence.

So ask yourself today: *Do I want to be noticed, or do I want to be great?*

Choose wisely because only one will carry you through the seasons, through the storms, and into a life of true wealth and purpose.

CHAPTER 37

THE FREEDOM MONEY BUYS: WHY THE RICH LIVE DIFFERENTLY

Have you ever asked yourself: *What do rich people know that I don't? Why do they seem to live in a completely different world, driving luxury cars, rocking the latest designer fashion, and flashing watches that scream wealth and status?*

I used to ask those same questions too. I'd watch them from a distance, wondering what secret they had unlocked. Was it just luck? A silver spoon? Or was there something deeper, something I was missing?

But as I grew and learned more, I realized that the real difference wasn't just the money in their bank accounts; it was the freedom that money gave them.

Morgan Housel put it perfectly: *"The highest form of wealth is freedom."*

Think about that—freedom to wake up when you want, to work because you choose to, not because you have to, to spend your time how you like, with the people who matter most. That's real wealth. That's the kind of life money can unlock.

Imagine what it would feel like to not have to wait until the end of the month to pay your bills. To never again feel trapped in a job that drains your energy and kills your dreams. A job that feels like you're reliving the same bad day over and over, like the movie Groundhog Day but with no escape.

Money, when used with purpose, buys back your time, and time is freedom. But it's not just about escaping the grind, it's about creating a life of meaning and choice—a life where you get to say "yes" to what lights you up and "no" to what no longer serves you. That's why I believe being rich isn't just about money, it's about having control over your life.

So let me ask you this: *Why do you want to be rich? What's your reason? Your why?*

It's easy to chase wealth just for the perks. The lifestyle. The attention. But if you go a little deeper, you'll find something much more powerful. Maybe you want to take care of your family. Travel the world. Give your children a better future. Or maybe, just maybe, you want to help others break free too.

Here's what scripture says about wealth with purpose:

1 Timothy 6:17 (MSG): "Tell those rich in this world's wealth to quit being so full of themselves and so obsessed with money, which is here today and gone tomorrow. Tell them to go after God, who piles on all the riches we could ever manage—to do good, to be rich in helping others, to be extravagantly generous. If they do that, they'll build a treasury that will last, gaining life that is truly life."

To me, that hits hard. Being rich is not just about satisfying your own desires; it's also about having the resources to meet the needs of others.

Picture this: someone with the skill and drive to build a better life, but they're stuck because they can't afford the tools to start. Or a person who could be healed, if only they had the money for treatment. Now imagine you being in a position to help. That's the kind of freedom money gives you, the freedom to be a blessing.

That's why I say: *money solves problems.* And the more money you have, the more problems you can solve. For yourself. For your family. And for the world around you.

So yes, being rich gives you wealth. But even more than that, it gives you freedom—the kind that lets you live life on your terms and make a difference while doing it.

And that, to me, is the life worth chasing.

CHAPTER 38

CASH FLOW IS KING: HOW THE RICH KEEP MONEY MOVING

I won't claim to be an expert, but there's one truth I've come to understand with absolute certainty: *if you want to maintain or grow wealth, your income must consistently exceed your expenses.*

It sounds simple, but it's powerful.

If more money is leaving your account than entering it, the result is inevitable: your bank balance will eventually hit zero. Worse, the bills won't stop coming just because the money does.

Imagine this: you have $100 in the bank. Each month, you spend $10 but only manage to earn or save $5 to replace it. In 20 months, that account will be empty. That's a negative cash flow, with more money going out than coming in.

Now flip the scenario. Suppose you still have $100, but instead of spending $10 and earning $5, you spend $5 and save or earn $10 each month. After 20 months, you'll have your original $100 plus another $100 saved. That's the power of positive cash flow. It not only preserves your money, but it also multiplies it.

This is one of the foundational habits of the wealthy. They pay close attention to cash flow, ensuring their financial life is constantly moving in the right direction.

Positive cash flow means your money is growing and your wealth is building. Negative cash flow means your money is leaking, and with it, your future stability.

If you consistently operate with a negative cash flow, it's only a matter of time before debt, stress, and financial pressure catch up with you. However, if you develop habits that foster positive cash flow, wealth becomes a natural consequence. It's not just about how much you earn, it's about how you manage what you earn.

The rich don't just focus on income, they focus on cash flow. They know that financial growth isn't about random windfalls, but about intentional control over where money comes from and where it goes.

At the end of the day, this one principle—maintaining a positive cash flow—can determine whether you thrive or merely survive because cash flow isn't just a financial term, it's a reflection of how well your money habits are working. It's one of the clearest indicators of whether you're moving toward wealth or away from it.

CHAPTER 39

HOW THE RICH MULTIPLY WHAT THEY EARN

Throughout this book, I've focused primarily on mindset because mindset is where all transformation begins. It's the soil in which every decision, every habit, and every outcome is rooted. But there's one practical principle tied to the rich mindset that I can't ignore: investing.

Simply put, investing is the art of making your money work for you, whether you're awake or asleep, whether you're working in your business or relaxing on a hammock in a remote eco-retreat in the Amazon rainforest. The wealthy understand something vital: freedom doesn't come from working harder; it comes from working smarter and building systems that generate income without your constant involvement.

This is the mindset of sowing seeds.

In financial terms, sowing means intentionally setting aside a portion of your income to invest in something that will

161

grow over time. That might be a rental property, a dividend-yielding stock, a business venture, or even a course that increases your earning potential. The goal is not to get rich quick. The goal is long-term financial security and, eventually, financial freedom.

Jim Rohn put it perfectly when he said, *"You don't reap what you sow; you reap much more than what you sow."* That's the power of investment. Small, consistent decisions, when compounded over time, lead to exponential results. It's not just about the money, it's about momentum, and momentum builds through patience, discipline, and vision.

2 Corinthians 9:6 (NIV): "Whoever sows sparingly will also reap sparingly, and whoever sows generously will also reap generously."

The rich don't hoard, they invest. They understand that money is a tool, not a trophy. It's meant to be put to work, to build, to multiply, and to serve. That's how legacies are built, not by stashing money away in fear but by sowing it with intention.

So ask yourself:

- Am I spending everything I earn, or am I setting aside a portion for my future?
- Am I treating money like a tool to serve my goals or like a master I'm always chasing?

Here's the truth: *if you don't assign your money a job, it will find a way to leave you.* However, when you invest your money wisely and consistently, it begins to generate a return. That's when you stop working for money and let money start working for you.

Wealth doesn't happen by accident. It happens through strategy. It happens through systems. It happens through seed-sowing.

Start where you are. You don't need a fortune to begin investing. You just need discipline, patience, and a clear vision of where you want to go.

The rich don't wait for the perfect moment. They plant today so they can harvest tomorrow. So plant your seeds and watch them grow.

CHAPTER 40

THE POWER OF FOCUS: YOU MOVE TOWARDS WHAT YOU SEE

Apowerful principle often observed in high-stress driving situations is known as target fixation. It happens when a driver, in a moment of panic or loss of control, becomes so fixated on a tree, a wall, or a pole that they try desperately to avoid it, but end up crashing into it. Why? Because their eyes are locked on the very object they want to miss.

As strange as it seems, we move toward what we focus on, whether consciously or unconsciously. This isn't just true behind the wheel, it's true in life. If your mind is constantly zeroed in on lack, fear, and failure, don't be surprised when your reality begins to match those expectations. But if you deliberately shift your focus toward growth, opportunity, and possibility, your actions will begin to align with those better outcomes.

Think of your mind as the steering wheel of your life. Whatever direction you point it in, whether positivity or negativity, fear or faith, that's the road your decisions will follow.

Rich people focus on opportunities. Poor people focus on obstacles. This isn't about shaming anyone; it's about recognizing patterns of thought that either unlock success or keep us stuck. The wealthy see challenges as chances to grow, expand, and solve problems. Those in a poverty mindset often see challenges as reasons to stop, retreat, or give up altogether.

Focus on problems? You'll find more of them. Focus on fear? You'll attract more reasons to be afraid. However, when you focus on opportunity, you'll begin to see doors you didn't even know existed.

In Proverbs 4:25-26 (NIV), scripture gives us this timeless wisdom: **"Let your eyes look straight ahead; fix your gaze directly before you. Give careful thought to the paths for your feet and be steadfast in all your ways."**

God wired us to move with intention. Focus is a spiritual and practical tool to bring clarity and direction to our lives. The enemy of progress isn't always failure, it's distraction.

Most people spend their energy trying to avoid failure, embarrassment, and loss. But they never take the time to define what success looks like for them. That's like driving a car while staring in the rearview mirror. You're more likely to crash than move forward.

Success doesn't come from what you avoid, it comes from what you pursue. Ask yourself: *What am I looking at most in my life right now? Am I obsessing over the wall or am I finding the open road?*

The rich money mindset requires vision. It's about keeping your eyes and your faith fixed on what is possible. You may not have all the resources yet. You may not even know how it will work. But if your focus is on progress, you'll make progress.

This doesn't mean you ignore reality or pretend problems don't exist. It means you train your eyes to search for the opportunity within the problem. Every challenge contains a seed of potential, but you'll only see it if you're looking for it.

Right focus leads to right action, and right action leads to rich results.

1. What are you currently fixated on that might be steering your life in the wrong direction?

2. Are you more focused on what's lacking or what's possible?

CHAPTER 41

RETIRE RICH IN PURPOSE, NOT JUST MONEY

Wealth isn't just what you save, it's the life you design for after the paycheck stops.

I've always believed that stories have a unique way of making things stick. Facts and figures are great, but stories? They stay with you. Whether they're real or made up, they help bring a message to life. You might forget the exact words someone said, but when the story they told comes back to you, so does the meaning behind it.

So let me start with a story that really made me pause.

There was an elderly gentleman preparing to retire. One day, he casually asked a friend what he should expect in this new season of life. His friend didn't sugarcoat it. He looked him straight in the eye and said, *"You work, then you die."*

That hit hard, not just because it sounded bleak but because, sadly, I've seen people live like that.

Too many folks spend their whole lives grinding, wrapped up in their careers to the point where their job becomes their whole identity. They work so long and so hard that when it's finally time to slow down, they have no idea who they are outside of work. Retirement comes, and instead of feeling free, they feel lost, disconnected, and stuck.

It's not just a feeling. There's data behind it. A study by Hilary Waldron found that men who retire early tend to have shorter lifespans than those who continue working. That tells me something important: retirement is about more than just money. It's about purpose. It's about waking up with something to look forward to.

That's why I believe that retiring happy starts long before your last day at work. It starts with building a life you actually want to live when the 9-to-5 is behind you. Retirement shouldn't feel like the final chapter, it should feel like a brand-new beginning.

CHAPTER 42

THE LIFE YOU'LL BE GLAD YOU BUILT

Retirement isn't an escape, it's the reward for living with purpose now.

N ow, back to the gentleman in the story. Thankfully, his life didn't follow that grim *"you work, then you die"* prediction. Instead, retirement gave him something he hadn't had in years—time to reflect, time to notice the little things and time to grow in ways he never expected.

He started gardening. Simple, right? But through it, he began to slow down and appreciate beauty in a way he never had before. He found joy in things that don't come with a paycheck. He realized that the things we chase—money, possessions, status—none of it lasts, and none of it really belongs to us anyway.

What he discovered had nothing to do with wealth and everything to do with richness of life, of spirit, of relationships.

He started giving his time to others, not because he had to, but because he wanted to. He realized that time, not money, is one of the most valuable gifts you can offer someone, and more than anything, he learned that no matter your age or stage of life, you still have something to give. A story to tell. A kind word. A helping hand.

The most beautiful part is that he chose kindness. He made it a habit to let people know they were seen, valued, and cared for.

So if you're thinking about retirement or even just dreaming about what your future could look like, don't let the goal be to escape work. Let the goal be to step into a season that brings peace, purpose, and joy.

Retire happy, not just because you saved enough, but because you created a life that's worth waking up to every single day.

CHAPTER 43

AUTOMATE TO MULTIPLY

From savings to investing, why automation is a quiet millionaire's secret.

If there's one thing I could tell the old me, the one who struggled to stay consistent, it's this: *don't wait to feel ready. Start small.* Life always finds a way to consume every dollar if you don't have a plan in place.

There's a quiet, almost invisible system that many millionaires use to build wealth, not by working harder, but by setting up automatic processes that do the heavy lifting for them. It doesn't make it into most hustle-culture or highlight reels. But it works every single time.

Automation is the rich person's cheat code. It's how they stay consistent without having to make 1,000 emotional decisions every month. They have taken what most people try to remember or force themselves to do and turned it into something they no longer even think about.

Let me explain.

When your savings are automated, you're no longer relying on discipline in the moment. You're not battling between whether to save or splurge because you've already decided. That decision was made before the paycheck hit.

When your investing is automated, your money grows behind the scenes. It doesn't wait for motivation. It doesn't depend on market timing. It just works week after week, month after month. This is exactly why so many wealthy individuals continue to grow their wealth even after they've "made it." They automate their systems so that their habits don't rely on mood, motivation, or memory.

Let the System Work So You Don't Have To

Think of it like planting a garden. You could water your plants manually every morning, and that might work for a while. But what happens when you get tired? Or distracted? Or life gets hectic?

Now imagine installing an automatic irrigation system. It never forgets. It never skips a beat. And because of that quiet consistency, the garden thrives.

This is how automation works in your finances.

Automatic savings means that every payday, a percentage of your income is transferred into a separate account, no questions asked.

Automatic investing means a set amount is invested in your index funds, retirement account, or brokerage, regardless of market trends.

Automatic debt repayment ensures your obligations are met without stress or missed deadlines.

Automatic generosity can even mean a fixed donation to a cause you care about, because the rich don't just build wealth; they build a legacy.

Here's the truth: we're emotional creatures. We want the dopamine hit of buying something new. We procrastinate. We forget. We get distracted.

Automation removes all of that.

It turns your financial intentions into financial systems. It removes human error and replaces it with structural integrity. Over time, it's not the big decisions that build wealth; it's the small, consistent ones. Automation ensures those decisions happen, with or without you.

Wealthy people don't leave their growth to chance. They systemize it.

What starts as a habit becomes a system. What's repeated becomes automated. What's automated gets multiplied.

Ecclesiastes 11:6 (NIV) says: "Sow your seed in the morning, and at evening let your hands not be idle, for you do not know which will succeed, whether this or that, or whether both will do equally well."

This verse captures the power of steady action. The rich understand that planting financial seeds regularly, whether automated or not, produces results. It's not about perfect timing. It's about faithful execution.

Don't underestimate small, automated actions. $20 a week may not sound like much. But over 10 years, with compound growth, it adds up to something significant. That's the power of automation: it's slow at first, then unstoppable.

If you're serious about wealth, automate as much as possible. Let systems carry the weight of your discipline. Then sit back and do nothing but focus on higher-level decisions while your money multiplies quietly in the background.

Action Steps

— Automate a percentage of your income to savings; even 5% is a start.

— Set up recurring investments into your long-term portfolio.

— Review your automation quarterly to adjust for income changes or new goals.

Let your habits run quietly in the background, and let your money grow like a garden that never forgets to water itself. That's the rich money mindset.

CHAPTER 44

STOP WAITING, START BUILDING

Why Faith Needs Your Action

There's a common phrase many people cling to when life doesn't go the way they hoped: *"Everything happens for a reason."* It sounds spiritual, comforting, and even wise, but taken out of context, it can become a dangerous mindset that silently kills ambition, numbs action, and leaves potential untapped.

For many, this phrase is a form of surrender, not the kind that leads to peace and acceptance, but a passive resignation that excuses them from taking responsibility. It's the belief that if something didn't work out, it must not have been *"meant to be."* If success didn't come, maybe it just wasn't in the cards. If opportunities passed them by, maybe God just didn't want it for them.

But here's the truth: success doesn't always happen by chance, it happens by choice. God has given talents, time, and the ability to learn, adapt, and grow. When we shrug our shoulders and whisper, *"Everything happens for a reason,"* without reflecting, without learning, and without adjusting our actions, we are not walking in faith; we are hiding behind it.

James 2:17 (NIV): "In the same way, faith by itself, if it is not accompanied by action, is dead."

Some people wear passivity like a badge of spirituality. They say things like:

— "If it's God's will, it will happen."

— "What's for me won't pass me."

— "Maybe this failure was part of God's plan."

While these statements can hold truth, they become toxic when used as an excuse to stop trying, learning, showing up, and doing the work.

Let's be clear: God does not bless laziness. He blesses the diligent. The persistent. The intentional. The faithful stewards who take what they've been given and multiply it.

Think about the Parable of the Talents. The master gave three servants different amounts of money. Two invested and multiplied what they were given. One buried his out of fear. The master didn't comfort the fearful one and say, *"It's okay, everything happens for a reason."* No, he called him wicked and lazy.

Too many people spiritualize failure instead of confronting it. They say, *"Maybe it wasn't my time,"* when really, they didn't prepare. They say, *"God closed that door,"* when they never even knocked. They say, *"If it's meant to be, it will be,"* while doing nothing to move forward.

This mindset is one of the biggest traps that keeps people broke, not just financially, but also mentally, emotionally, and spiritually. If the rich had this mindset, they'd never invest, never build, never risk, and never grow. You can't pray for a harvest if you haven't planted seed.

Yes, everything does happen for a reason, but not always for the reason you think. Sometimes things fall apart to reveal what you were avoiding. Sometimes failure happens because you ignored the signs. Sometimes rejection is the result of poor preparation, not divine redirection. Sometimes the reason things didn't work is because you didn't work them, and that's okay. What's not okay is refusing to learn and repeating the same cycle while blaming it on "destiny" or "God's plan."

God's plan involves your participation. You have to do your part.

Wealthy people, successful people, and high achievers might believe in fate or divine guidance, but they don't depend on it alone. They prepare. They position themselves. They study trends. They take calculated risks. They know that sitting back and saying *"If it's for me, it will come"* is a guaranteed way to stay stuck. They believe in cause and effect, not just cosmic luck. They know that results are created, not received.

Ask Yourself

— Am I waiting on God, or is God waiting on me?

— Am I blaming "divine timing" for my procrastination?

— Am I calling "God's will" what is really a lack of action, courage, or preparation?

Instead of saying, *"Everything happens for a reason,"* say:

— "What can I learn from this?"

— "How can I grow through this?"

— "What responsibility do I need to take?"

— "What do I need to do differently next time?"

Faith should fuel your action, not replace it. Belief should push you to build, and even when things don't go your way, your default should not be to surrender; it should be to strategize.

You were not created to drift; you were created to dominate.

Proverbs 21:5 (ESV): "The plans of the diligent lead surely to abundance, but everyone who is hasty comes only to poverty."

So, yes, everything happens for a reason, but sometimes that reason is that you didn't act. Sometimes the reason you succeed is because you did.

CHAPTER 45

MORNING ROUTINE

Success Begins Before the World Wakes Up

There's a secret weapon the wealthy and successful rarely talk about but consistently use: their morning routine.

While most people are still hitting the snooze button, scrolling through social media, or rushing into chaos, the wealthy are already gaining ground. They're not just waking up early for the sake of it; they're waking up with intention because they understand something the average person doesn't: your morning sets the tone for your life.

The morning is more than just a time of day. It's a mindset. It's the sacred space where you shape your day before the world starts demanding from you. The wealthy don't just fall into success, they structure their way into it. That structure starts with a routine.

You can look at nearly any high performer, entrepreneur, CEO, investor, athlete, or creative genius, and you'll see a consistent pattern: they own their mornings.

185

Most people think routines are boring. But successful people understand that structure equals freedom. The more consistent you are with the right habits, the more space you create for creativity, growth, wealth, and peace.

The morning routine isn't about being robotic, it's about building momentum.

Here's what a solid routine does for you:

— **Eliminates decision fatigue** – You start the day with clarity, not confusion.

— **Boosts focus and discipline** – You train your mind to show up, regardless of how you feel.

— **Sets a winning tone** – You begin on offense, not defense.

— **Gives you time for YOU** – Before the emails, the clients, the noise.

The rich don't stumble into their goals; they prepare for them. That preparation starts every single morning.

"Success is something you attract by the person you become." —Jim Rohn

You don't need a ten-step routine or two hours of quiet meditation, but you do need intentionality. Here's a breakdown of what many wealthy people include in their mornings:

1. Wake Up Early

Not because it's trendy, but because it gives them time to think, reflect, and get ahead. While others are reactive, they are proactive.

2. Gratitude and Grounding

Many begin with prayer, meditation, or journaling to center their thoughts and connect to something bigger than themselves. Wealth is more than just money; it's a peace of mind.

3. Physical Movement

They know that the body fuels the mind. Whether it's a workout, walk, or stretching, movement gets the blood flowing and activates energy.

4. Mental Fuel

Reading and reviewing their goals, rich thinkers feed their minds with vision. They don't start the day with gossip or fear-based news; they guard their inputs.

5. Plan the Day

They don't let the day happen to them. They review their goals, identify priorities, and move with purpose. This habit alone separates achievers from the distracted.

6. Personal Discipline

They practice keeping small promises to themselves. Whether it's making their bed, drinking water, or finishing a task; it builds self-trust, and self-trust builds confidence.

Your morning routine is a reflection of how you value your time, goals, and future. If your mornings are rushed and chaotic, chances are your life feels the same way. But if your mornings are intentional, focused, and disciplined, your results will follow.

"Win the morning, win the day." —Tim Ferriss

If you want to build wealth, you can't just wing it. You need to train your mind, emotions, and habits. That starts before the world wakes up.

The difference between those who thrive and those who survive isn't always talent, it's routine.

If your goal is to build something great, whether it's a business, a legacy, or a level of freedom you've never known before, then start with the habit that builds everything else:

own your morning. So tomorrow, when your alarm goes off, don't roll over. Rise up like someone who knows what they're building.

CHAPTER 46

PHYSICAL HEALTH AND MONEY

Why the Wealthy Treat Their Body Like an Asset

You can't enjoy wealth without health. That's a truth the rich understand deeply. For many people, the pursuit of wealth comes at the expense of their physical well-being. They hustle, grind, sacrifice sleep, and skip meals all in the name of "success." But what they don't realize is that in the long run, you either invest in your health now, or you'll pay for it later.

The wealthy don't see health and wealth as two separate goals. They treat their body like a business, and that business needs to be maintained, nourished, and protected. What's the point of a fat bank account if you're too sick, too tired, or too stressed to enjoy it?

Here's a mindset shift: your body is your first asset. Before you invest in real estate, stocks, or a business, you invest in yourself. That means treating your physical health as part of your financial plan.

Without health, your capacity to earn, build, and enjoy life dramatically shrinks.

The rich understand that stamina is a strategy. If you burn out at 40, but your dreams require you to keep building until 60, you're going to pay the price.

"He who has health has hope; and he who has hope has everything." —Arab Proverb

Wealthy individuals are intentional about what they eat, how they move, and how they manage stress, because they know that physical breakdown leads to financial breakdown.

You'll find that many of them:

— Have personal trainers or gym memberships.

— Invest in quality food, supplements, and water.

— Make time for exercise, despite their busy schedules.

— Prioritize sleep, recovery, and mental wellness.

— Go for regular checkups, not just when something's wrong.

They see their health not as an expense, but as an investment with high ROI because the sharper their mind and the stronger their body, the more effective they are in every area of life.

Let's be honest: being unhealthy is expensive. Missed workdays. Low energy and poor performance. Medical bills and prescriptions. Shortened lifespan and early retirement. High stress and reduced quality of life

What most people don't realize is that poor health can slowly erode your wealth. You don't feel it until it's too late. That's why the rich stay ahead of it.

Don't fall into the trap of thinking, *"I'll focus on my health when I get rich."* You get rich by protecting the only vessel you have to do the work: your body.

Here are some practical things you'll notice the wealthy incorporate into their routines:

1. They Schedule Their Workouts

It's on the calendar, not just on their wish list. Even if it's 30 minutes a day, they commit to moving their body.

2. They Eat for Fuel, Not Just Taste

Yes, they enjoy food, but they choose meals that give energy, not just satisfaction. Whole foods, hydration, and intentional eating are part of the plan.

3. They Sleep Like It's a Strategy

No more glorifying 4 hours of sleep. Rich thinkers protect their rest because they know a clear mind needs a rested brain.

4. They Take Mental Breaks

Whether it's walks or simply unplugging, they understand the value of resetting the mind.

5. They Get Regular Checkups

They don't wait for problems to appear; they monitor their health to catch issues early.

6. They View Movement as a Non-Negotiable

Even with packed schedules, they fit in steps, workouts, or just stretching.

There is no amount of money that can replace your kidneys. There is no business success that can undo a lifetime of stress-induced illness, and no legacy can be enjoyed from a hospital bed.

You don't have to be a fitness expert or a health fanatic, but you do have to be aware and proactive.

Your financial future depends on your physical foundation. Don't just chase riches, build a body that can carry the weight of your vision.

CHAPTER 47

WHY THE RICH DON'T FEAR FAILING

How failing helps you win.

If you look closely at the journey of anyone who has achieved lasting wealth or success, one thing is always true: they've failed many times, but they didn't stop there. They understood something the average person often forgets: failure is not the final word.

We live in a culture that worships success but hides failure like a secret. We scroll through highlight reels and polished moments, forgetting that behind every "overnight success" is usually a string of late nights, hard lessons, missteps, and restarts. The wealthy? They embrace that reality. They don't just tolerate failure, they learn from it.

Here's the mindset difference: the average person sees failure as the end of the road. The wealthy see it as a detour, a redirection, even a hidden lesson they couldn't have gotten any other way. They ask: *What did I miss? What can I do better next time? What did this teach me about the process or about myself?*

They don't take failure personally; instead, they can look at it objectively. It's not an attack on their identity; it's data, and data can be used to improve the next move.

I used to think failing at something meant I wasn't good enough to try again. However, I've come to understand that failure isn't disqualification; it's education. It's the price of admission to the success you want. Nobody builds a business, invests wisely, or creates wealth without mistakes. In fact, the more you risk, the more likely you are to fail. But that's also where the biggest rewards are. The wealthy know this. That's why they build resilience. They don't take a "no" or a loss as rejection, it's just part of the process.

The difference between those who thrive and those who quit is bounce-back power. It's the ability to recover, reassess, and restart, sometimes again and again. Think of people like Elon Musk, who launched multiple companies that nearly failed. Or Oprah Winfrey, who was fired early in her career and told she wasn't fit for TV. Or Colonel Sanders, who was rejected over 1,000 times before someone gave his fried chicken a shot. These individuals didn't achieve their current status because they were lucky or perfect. They got there because they refused to let failure have the final word.

Failure exposes what needs to change. It shines a light on what's not working in your systems, habits, and assumptions. The rich don't hide from that light; they lean into it. They refine their approach. They adapt. They adjust. They don't get stuck in the shame of "I failed." They shift to the mindset of "Now I know better." That's growth. That's wealth thinking.

Let me be honest, I've failed—in business, in relationships, and in decisions I made; I thought they were smart at the time. I've had ideas flop. I've launched things that didn't sell. I've said "yes" when I should have walked away. But every time, I came back with sharper vision. A better plan. A stronger resolve. What I thought were dead ends turned out to be defining moments. What felt like a fall became the foundation for something greater. You don't get to skip this part. You just get to decide if you'll let it shape you or stop you.

Here's the thing: most people let failure become a full stop. But the wealthy? They treat it like a comma—a pause—not the end.

They fail at one business and start another. They make a bad investment and learn how to analyze better. They lose money and come back with a smarter plan. They keep going, not because they're fearless, but because they know something powerful: there is no final failure unless you quit.

If you've failed, congratulations, you're in good company. The goal isn't to avoid failure. The goal is to keep showing up after it happens.

Failure is not your enemy. It's not a sentence. It's not the final word. It's a tool. It's a test. Sometimes it's the very thing that prepares you for the next level.

So, dust yourself off. Study what went wrong. Adjust your mindset and try again, this time, wiser.

CHAPTER 48

SELL SOMETHING, CHANGE EVERYTHING

There's a mindset shift that separates the wealthy from everyone else: they understand that selling is the vehicle to wealth.

Look around, almost every rich person you admire today made their money by selling something. Whether it was a product, a service, an idea, or even their personal brand, they understood this core principle: you don't get rich by working alone, you get rich by moving value, and value always moves through sales.

Let's break this down: every business, no matter how big or small, depends on one thing to survive: revenue. Revenue only comes from one place: sales. It's not magic, it's math. You buy low, sell high, and create a margin. That margin is where wealth begins.

Selling Is Not a Personality, It's a Skill

When people hear the word "selling," they often picture a fast-talking salesperson in a cheap suit trying to pressure you into buying something you don't need. But real selling, the kind the rich do, is nothing like that. Selling at its core is

201

problem-solving. It's about offering someone a solution in exchange for money. If what you offer truly helps them, that's not manipulation, it's service.

Here's the good news: everyone can learn to sell. You don't need to be an extrovert. You don't need to be charismatic. What you do need is belief in what you're offering, and the ability to communicate value clearly.

Everyone Should Be Selling Something

Whether you're an employee, a freelancer, a small business owner, or a stay-at-home parent, you should be selling. If you're not actively offering something to the world, you're relying on someone else to create your income. When your income depends entirely on another person's decision, whether it's a boss, a government, or a client, you're not truly free.

The wealthy don't wait for paychecks. They create income through products, platforms, or partnerships. They build systems where something is always being sold in the background, such as books, courses, software, physical goods, or services. That's what passive income is: selling that doesn't stop when you do.

One of the oldest and most reliable ways to build wealth is to buy low and sell high. Yet, so few people master it. The rich understand this principle intimately. They look for undervalued assets, such as stocks, real estate, digital products, and inventory, and then wait or add value before selling them at a higher price. It's not about being lucky. It's about being strategic.

They buy skills for less than they're worth, then package them for premium clients.

They buy time by hiring others, then resell that time through services or products.

They buy information, turn it into insight, and sell it to others who need clarity.

If you've ever wondered how influencers, coaches, consultants, and entrepreneurs build 6–7 figure incomes seemingly out of thin air, here's the answer: they've learned to sell, and they do it every day.

They sell their ideas, their expertise, and their experience. They package knowledge, give it a price tag, and deliver it in a way that transforms lives. That's the new economy, and the sooner you embrace it, the sooner you stop watching others get rich while wondering why you're still stuck.

Even if you're not in business, you're always selling something. In a job interview, you're selling your skills. In a relationship, you're selling your values and your vision for the future. In parenting, you're selling ideas and discipline. Selling is part of life. The difference is that the rich do it intentionally and get paid for it.

You don't need a product to get started. You just need an offer. Here's how:

— Identify a problem people have.

— Create a solution you can offer.

— Price it based on value, not time.

— Learn how to present it confidently.

— Keep improving your offer based on feedback.

So if you've been waiting for the "right time" to start selling, this is it. Selling is not only your permission to build wealth, it's your vehicle to get there.

Sell smart. Sell ethically. Sell value. And watch how everything begins to change.

CHAPTER 49

START EARLY, BUT KNOW IT'S NEVER TOO LATE

"The best time to plant a tree was twenty years ago. The second-best time is today." —Unknown

If there's one piece of advice I wish more people would take seriously, it's this: start early. Whether it's building wealth, developing discipline, or shifting your mindset, starting early multiplies your advantage. The earlier you begin, the more time you give your efforts to compound.

Time is not just passing, it's either working for you or against you. When it comes to money, the rich don't just work hard, they let time do the heavy lifting.

Let's break it down. Starting early doesn't just give you a head start, it gives you momentum. It gives you the one resource that can't be bought, borrowed, or replaced: time.

If you begin investing in your 20s, saving just a modest amount consistently, you could have more wealth by 45 than someone who starts in their 30s and saves twice as much.

Why? Because time creates something magical: compound growth.

Albert Einstein reportedly called compound interest the eighth wonder of the world. Why? Because it does something most people overlook: it multiplies what seems small into something massive over time.

Let's take an example:

- Person A starts investing $300/month at age 20.
- Person B starts investing $600/month at age 35.
- Both earn the same average return (say 8% annually).
- By age 45, Person A will have more money, even though Person B contributed more overall.

But don't just think financially. Starting early isn't only about stacking dollars. It's about stacking habits. The rich don't just save money; they think differently. They make decisions based on long-term gain, not short-term hype, and that mindset is something you develop, not something you suddenly acquire at 40.

When you start young, you fail faster, learn quicker, and build the kind of confidence that's hard to shake. You build habits that become second nature, such as budgeting, reading, investing, selling, and building, while others are still figuring it out in their 30s or 40s.

Imagine this: what if, starting today, you committed the next 20–25 years to building wealth the smart way? No gimmicks. No get-rich-quick nonsense. Just:

- Living below your means.
- Investing a portion of your income.
- Learning about money and markets.
- Developing valuable skills.
- Building a network of like-minded people.

By the time you're 45, you could be completely financially independent—not just rich, but free. Free to choose how you spend your time. Free to travel, give, build, and live life without financial pressure choking your peace of mind.

Here's the truth: 20 years are going to pass anyway. The only question is, will you have something to show for it?

Too many people delay starting because they're waiting:

- Waiting until they earn more.
- Waiting until they're more financially stable.
- Waiting until they "figure things out."

But waiting is expensive. Every year you wait is a year your money could have been growing. It's a year you could have been developing wealth habits.

You don't need a lot to start. You just need to start. Start small. Start messy. Start uncertain. Just start. Every habit you start now makes the future version of you wealthier and wiser.

Success doesn't usually come in an overnight explosion. It comes in daily deposits. It's like planting seeds. The earlier you plant, the sooner you harvest.

If you can start early, do it. But if you didn't, don't count yourself out. What matters most is that you start. Don't waste another year hoping things change. Change them. Whether you're 21 or 51, the rich money mindset begins with a decision to think differently, act differently, and build something that lasts. You have time. What you do with it is up to you.

Now, if you're reading this and thinking, *"Well, I didn't start early..."* don't panic. The game's not over. In fact, many people find tremendous success in their 40s, 50s, and even beyond.

— Colonel Sanders was in his 60s when he franchised KFC.

— Vera Wang entered fashion design at age 40.

— Ray Kroc started McDonald's at 52.

None of these success stories happened early, but they happened because they started when it mattered most: now. If you didn't start early, start intensely now. Start with focus.

Start with the wisdom you've gained from your experiences. What you may lack in time, you can make up for in intentional action.

CONCLUSION

SUCCESS FAVOURS THE PREPARED MIND

"While acquiring wealth might be easier than many think, the real struggle is the constant striving for more, driven by envy and comparison."
—Arthur Schopenhauer

Let's be honest, almost everyone dreams of being rich. However, the hard truth is that not everyone will be. That might sound discouraging at first, but it shouldn't be because no one knows exactly how life will unfold. If we've learned anything from experience, it's that success doesn't always follow the expected path.

Ecclesiastes 9:11 reminds us, **"The race is not to the swift, nor the battle to the strong... but time and chance happen to them all." (ESV).**

Life doesn't always reward the smartest, strongest, or even the most disciplined. Sometimes, success comes through moments we never saw coming and open doors we didn't plan for. But when those moments arrive, the question isn't

211

if you're lucky enough to get a shot, it's whether you're ready to take it.

Romans 8:28 (NIV) says, "And we know that in all things God works for the good of those who love him, who have been called according to his purpose."

That's the key: purpose and preparation. We can't control timing, but we can control readiness. We can build the mindset, habits, and discipline that align us with the life we say we want. Even if that moment never comes, we can still live stronger, more intentional lives because of how we prepared.

I've had seasons where the work felt heavy, with late nights and sacrifices, and doubts about whether it would ever pay off. But I've also learned something important: the pain of discipline is far less than the pain of regret. Regret lingers. It makes you question what might have been. Effort, on the other hand, yields growth, progress, and a sense of peace of mind.

We've seen what happens when people come into sudden wealth without preparation. Lottery winners. Inheritance windfalls. Overnight fame. Many end up broke again, sometimes worse than before, because they didn't have the mindset to handle the blessing.

Wealth without preparation is like giving a mansion to someone who can't afford the upkeep. It crumbles fast.

That's why this book hasn't just been about how to get rich, it's been about how to think richly because success always favors the prepared.

You owe it to yourself to understand how money works. You owe it to your future to build the habits that make wealth sustainable. You owe it to your calling to prepare for the moment when God says, "Now."

There's a reason the wealthy move differently. It's not just access. It's mindset. It's strategy. It's preparation. When you've done the work, you don't panic when opportunity comes, you rise to meet it.

"We are here for a reason, rather than just to make a nice life, make money, or be famous." —Michelle Obama

"True success is when the people you want to love you love you." —Warren Buffet

So let this be your charge as you close this book: Keep showing up. Keep learning. Keep building. Because when your moment comes, and it will come, you want to be ready, not scrambling.

In the end, success doesn't just visit anyone. Success favors the prepared.

A PERSONAL NOTE FROM THE AUTHOR

Hey there, friend

If you've made it this far, thank you. It means you've taken steps toward a richer money mindset, and I hope this journey has inspired real change in how you think and live.

Now, I'd love to ask a small favor that makes a big difference: **Would you leave a quick review on Amazon?**

Even a single sentence can help others decide if this book is worth reading. Your honest feedback means the world, and early reviews truly help this message reach more people.

If something in this book resonated with you, feel free to share it on social media. Tag me. I'd love to see what stood out to you.

Thank you again for your time, support, and commitment to growth.

With gratitude,
Zeelah S. Davis

MUJER
DE
FORTALEZA

MUJER
DE
FORTALEZA

7 Secretos Para Mejorar Las Relaciones
de Pareja y de Familia

LUPITA CASTELLÓN

MISIÓN

MISIÓN

Editorial Misión publica libros simples y útiles para emprendedores, coaches, conferencistas, profesionistas, etc., con la intención de impulsarlos a transformar vidas con su mensaje. Nuestros libros son fáciles de crear y rápidos de leer, diseñados para solucionar un problema en específico. Editorial Misión ofrece un proceso sencillo para permitir que los emprendedores y dueños de negocios se beneficien de la autoridad que proviene de tener un libro, sin la molestia y el compromiso del tiempo normalmente asociado con definir, estructurar, escribir, corregir, editar, diseñar, publicar y promover su obra.

¿Tiene usted la idea de escribir un libro que transforme vidas?

Visite www.EditorialMision.com para más detalles.

Dedico este libro a mi esposo, José Castellón; a mis hijos, José Francisco Aguayo, Graciela Aguayo, José Castellón Jr, Edgar Castellón y Griselda Castellón Núñez; a mis nietas Jahayra Ruiz, Desh Ruiz, Gracielita Ovalle, Galilea Ovalle, Katalina Castellón; y a mi bisnieta Gianna García.

¡UN REGALO ESPECIAL PARA TI!

En agradecimiento por permitirme ser parte de tu viaje con la adquisición de este libro, tengo un presente exclusivo para ti.

Accede GRATUITAMENTE a mi Entrenamiento:

**"3 Secretos Para Dominar
La Comunicación En Pareja"**

En él, descubrirás herramientas valiosas que complementarán tu aprendizaje y fortalecerán las habilidades de comunicación con tu pareja.

No dejes pasar esta oportunidad.
Obtén tu obsequio ahora en:

www.LupitaCastellon.com/regalo

O escanea el siguiente QR:

ÍNDICE

AGRADECIMIENTOS

Deseo expresar mi agradecimiento. Primero, a Dios, por darme la oportunidad de vivir. A mi madre Graciela Zamora, quien me brindó la vida. A mi abuelita Petra Zamora, que fue la persona que me formó, con mis valores y el amor a los demás. A mi hermano Ernesto, por ser un ser extraordinario, y a mi hermana Nohemí de Jesús, que siempre estuvimos juntas, por ser mi cómplice en mis travesuras como niña. Ella representa mi orgullo, por ser tan inteligente, tan organizada en todos los sentidos, una mujer dedicada a sus hijos, madre ejemplar de gran corazón, protectora, fuerte y noble. Y en general, a todas esas personas que, en determinados momentos, me dieron de comer.

Extiendo mi gratitud, muy en especial, al hombre más maravilloso del mundo: a mi querido esposo, José Castellón. Hemos compartido más de 37 años juntos y su apoyo ha sido fundamental en todos mis proyectos. Le agradezco por ser un esposo comprensivo, padre ejemplar, un hombre trabajador dedicado a su familia. Mil gracias, porque sin su apoyo yo no hubiera podido servir y hacer lo que he hecho. Por su gran corazón, paciencia y dedicación. A pesar de enfrentar en estos momentos una enfermedad como el cáncer, su actitud y fortaleza son ejemplares. Te amo, te respeto, te honro y valoro cada día a tu lado. Sé que Dios está siempre contigo.

Agradezco también a mi papá adoptivo Tony, por ese cariño que siempre me tuvo, quien siempre cumplió mis caprichos de niña. Él, el único padre que realmente conocí, estuvo presente en cada momento, apoyándome en cada situación, siempre ahí para escucharme. A mi primer regalo de vida, mi primer hijo, José Francisco Aguayo. A mi hija Graciela, por ser una niña hermosa, una mujer trabajadora. A José Castellón Junior, por ser el hijo maravilloso. A Edgar Castellón por su nobleza y su amor. A Griselda Castellón por ser esa hija ejemplar y una niña llena de amor a sus padres, un milagro de vida por la manera en que nació.

No puedo dejar de mencionar a mis nietas, quienes me han convertido en la abuelita más feliz: Jahayra Ruiz,

Desh Ruiz, Gracielita Ovalle, Galilea Ovalle, Katy Castellón y mi bisnieta Gianna García, por su carisma único. Agradezco a mi yerno, José Luis Ovalle, por ser ese yerno bueno y ser un gran esposo y padre. A Joaquín Núñez, por su gran corazón. A Nady y familia, porque hacen feliz a mi hijo José Castellón. A Eva, por ser la nueva integrante de la familia.

Quiero agradecer también a todos los que hicieron posible el sueño de fundar CCIFA. Esta fundación sin fines de lucro no hubiera sido posible sin todos ellos. Pido perdón a mis hijos por tantas veces que los descuidé persiguiendo mis sueños. Ellos se levantaban desde las cuatro de la mañana para acompañarme a los campos migrantes a dar comida a los más necesitados, descargando tantos tráileres de comida para toda la comunidad y nunca dejaron de ser esos voluntarios siempre dispuestos a servir. Gracias a toda mi familia, gracias por ese apoyo incondicional en la misión de servir a quienes más lo necesitan.

Agradecimientos especiales para los voluntarios que me han ayudado en mi victoria:

La doctora Silvana y Arturo Rhoana, psicólogos internacionalmente reconocidos; Mery López-Gallo, directora de Univisión Radio; Marisa Ugarte de Corredor Bilateral, una organización sin fines de lucro de tráfico humano; María Elena Coronado (*Employment, Development, Department of the state of California*), fue una de mis mentoras, una persona que me ayudó muchísimo, por ella llegué a ocupar las oficinas del Estado. Ester Refinjo, que fue también de mi mesa directiva de CCIFA; la licenciada Elsa Jiménez de Derechos Humanos; Roberto del Villar de la Border Patrol; Jenny Regula del FBI; Jessie Navarro de la fiscalía; Elisa Castañeda de *Toastmasters Internacional*; Lorena Amezcua; Judith Zepeda; Inés Contreras de Restaurantes Karina; Tommy Villarreal, empresaria; Reina Rodríguez, empresaria; Alberto y Susana Castro, voluntarios que todo el tiempo me apoyaron; María de Jesús Sánchez, una persona muy especial, junto con Rosario López que siempre apoyaron la fundación; Cristina González, de Tortillerías Gabriel; María Elena Fernández y Rosendo Fernández; Lalito Fernández; Lolita López; Julia Sánchez; Arturo Villa; Elizabeth Alvarado; Patricia Santos; Patricia Amarillas; Julia Sánchez; Blanca Hedayat; Mary Solís; Rosy Arce; Nacho y Alba Villanueva; Blanca Nieto; José Hernández, empresario, dueño de Mercado Selecta. Y muchos más, que aunque quisiera, me resulta imposible poner a todos aquí. Gracias a todos.

PRÓLOGO

¡Estás a punto de conocer una historia fantástica de vida! En *Mujer de Fortaleza* descubrimos que es posible extraer, desde la vulnerabilidad y la escasez económica, el combustible inspirador para salir de situaciones de inequidad, injusticia y pobreza. Lupita Castellón ha atravesado la adversidad y ha conocido el hambre, la carencia y la desolación en diversas etapas de su vida. Han sido su inquebrantable fe católica y su inmensa fuerza interior, los principales factores que la ayudaron a atravesar por escabrosos senderos, desde quedar huérfana de madre a la tierna edad de 7 años, vivió el abuso y el abandono, entre otras cosas, y venció al cáncer. Todas estas experiencias moldearon su carácter y lograron que hoy en día camine por verdes praderas.

Como una amante a la jardinería, ha cultivado cuidadosamente los aspectos de su personalidad, llegando a los recovecos de su interior librándose así de ataduras, rencores y sin sabores; y escogiendo por encima de todo celebrar la vida o dicho en las propias palabras de la autora "El amor, combinado con la empatía, la autoestima y la comunicación afectiva son las fuerzas transformadoras que nos ayudan a convertirnos en mejores seres humanos."

Mujer de Fortaleza es lectura obligada para todos los que queremos aprender a vivir en plenitud. Sin importar nuestro sexo, nivel económico o escolaridad. Así que te animo a iniciar esta aventura a tu autodescubrimiento, ya que sin duda aprenderás a través de estas páginas una nueva forma de apreciarte a ti mismo y a tus seres amados, ¡por medio de las enseñanzas de vida de esta hermosa *Mujer de Fortaleza*!

MERY LÓPEZ-GALLO
*Directora de Empoderamiento de Televisa Univisión
en San Diego, en donde produce y conduce además un
programa de radio.*

INTRODUCCIÓN

Nací en 1958 en Tijuana, Baja California Norte, en una colonia extremadamente humilde. Carecíamos de lo más básico: no había pavimento, electricidad, nada. Con el tiempo, la situación mejoró un poco, pero yo siempre estuve consciente de nuestras carencias.

Siempre fui una niña humilde, y en cierta forma, una defensora en mi vecindario. Cuando los niños se peleaban, venían a buscarme para que interviniera. Les decía, *"No se peleen, aquí todos somos hermanos"*. En realidad, éramos un grupo de niños de la calle; yo me crié en la calle. Recuerdo que una vez se incendió una casa y el fuego alcanzó a cubrir una cuadra entera.

Quedé huérfana a una edad muy temprana, a los siete años; éramos tres hermanos. Mi abuela se encargó de criarnos después de que mi madre muriera de un infarto.

Era una mujer excepcional; siempre la vi ayudar a los demás. Le ofrecía café y comida a quien lo necesitara. Pero ella también tenía que salir a trabajar.

Mi abuela ganaba en dólares, lavando y planchando ropa. A veces nos hacía acompañarla a su trabajo en una casa adinerada, pero generalmente nos dejaba solos, con una peseta (veinticinco centavos de dólar). Con esa moneda, yo iba a la tienda y compraba un pequeño cartón de leche y seis conchitas.

Aunque yo era la hermana menor, sentía la responsabilidad de cuidar a mis hermanos. Partía mi porción de leche y conchitas en dos, compartiendo la mitad con cada uno de ellos. Pasábamos todo el día solos, ya que mi abuela salía a las seis de la mañana y no regresaba hasta la tarde. Me esforzaba por proteger y proveer para mis hermanos en su ausencia.

Yo asistía a una escuela pública, que estaba llena de amor. De camino, había un señor que vendía caldo de abulón en pequeños vasos. Muy astuta, yo le proponía jugar "voladitos" y, si ganaba, me regalaba un vaso del caldo. Él siempre "perdía," y sé que lo hacía para ayudarme. A ese hombre le guardo un cariño especial; me permitía tener algo en el estómago para poder estudiar.

Entendí algo vital en esa época: **un niño con hambre no puede aprender**. Muchas veces, yo daba todo mi desayuno a mis hermanos porque sabía que pasarían el día solos. En esos días, me costaba mucho concentrarme en la escuela. Por eso, me rompe el corazón pensar en los pequeños que van a clases sin haber comido.

Durante los recreos, recuerdo que organizaba juegos de lotería. Los demás niños ponían una "entrada" para participar. Con lo que ganaba, me compraba una torta. Y si veía que alguno de mis compañeros tenía hambre, siempre compartía un pedazo de mi comida. Eso me hacía inmensamente feliz.

Al regresar a casa después de la escuela, las condiciones seguían siendo difíciles. No teníamos refrigerador ni televisión, solo un pequeño radio. Dejaba mis cuadernos y me dirigía a la casa de los vecinos. Allí ayudaba con las tareas del hogar: barría, trapeaba, cuidaba a los niños. A cambio, me daban un taquito, que me servía para saciar el hambre hasta que mi abuela regresara.

Tengo unos padrinos que respeto y aprecio mucho, María Elena Fernández y Rosendo. Ella daba clases de costura y, mientras yo cuidaba a sus hijos, a veces me daba algo de comer. Pero había ocasiones en que, por muy ocupada que estuviera, no podía alimentarme.

En otras casas donde ayudaba, a veces me decían que me fuera cuando llegaba la hora de comer. Regresaba a mi casa llorando de hambre. Aún recuerdo el olor de la sopa de fideo en esas casas; para mí, ese aroma era como un manjar inalcanzable. Me duele recordar esos momentos de rechazo.

Crecí en un ambiente difícil. Mis hermanos y yo enfrentamos distintas luchas. Mi hermano mayor cayó en las garras de las drogas y se hizo adicto. Mi hermana, en cambio, se mantuvo en casa y evitó problemas. Desde pequeña, sentí que mi misión era ayudar a los demás.

Vivíamos en una zona complicada. Todos los días, al salir a la escuela, pasaba por una esquina donde siempre encontraba jeringas tiradas y rastros de drogas. Esto me infundía un gran temor, pero también fortalecía mi deseo de marcar una diferencia en el mundo.

En casa, las cosas no eran mucho mejores. Mi abuela, la única figura materna que tuve, estaba casada con Tony, un hombre alcohólico, quien ocasionalmente la golpeaba e insultaba, quebraba nuestros escasos utensilios y creaba un ambiente tóxico. Yo me ponía en medio para protegerla.

Recuerdo un episodio muy particular. Una noche, Tony estaba tan ebrio y violento que, impulsada por el miedo y la necesidad de calmarlo, le compuse una canción en el momento. *"Duérmete mi niño, porque viene el Cucu Cucuy"*, le canté. Milagrosamente, se quedó dormido. Mi abuela y yo nos miramos, impresionadas y aliviadas.

A pesar de su alcoholismo y su comportamiento violento, siento agradecimiento por Tony. Él me adoptó y me dio su apellido. Me trataba con un cierto grado de afecto que no mostraba hacia mis hermanos. Siempre lo seguía cuando salía con sus amigos borrachos, temiendo que algo malo le sucediera. Y algo que siempre valoraré de él es que, por más borracho que estuviera, nunca abusó de nosotros. Eso es algo que no puedo dejar de agradecerle.

Pasé mi infancia viendo las luchas que enfrentaba mi familia y a mi abuelita, la mujer más fuerte que conocía, soportando el abuso de su esposo. Yo le preguntaba por qué se quedaba con él, y ella simplemente decía: *"Si lo dejo, ¿a dónde nos vamos? Esta es nuestra casa"*.

Esa experiencia me enseñó mucho sobre la **fortaleza** y la **resiliencia**. Comprendí por qué hay tanta violencia en el mundo y por qué algunas personas se sienten atrapadas en situaciones difíciles. Pero también aprendí a formarme a mí misma, a construir mi autoestima desde una edad temprana. Nadie me enseñó qué era la autoestima; lo descubrí sola.

El amor de mi abuelita fue una fuerza poderosa en mi vida. Ella nos llamaba "sus palomas" a mi hermana y a mí. Nos daba tanto amor que llenaba mi corazón. Creo que eso me preparó para amar al prójimo y para transformar mi dolor en algo constructivo.

Recuerdo que mis compañeros de escuela me insultaban por mi apariencia. Me llamaban "fea" y "ojona", pero siempre me decía a mí misma que era hermosa por dentro. Esa autoafirmación me empoderaba y me hacía sentir fuerte, incluso desde pequeña.

La vida que tuve fue dura: llena de dolor, miedo, hambre y sacrificio. Pero esos momentos difíciles también se impregnaron de falta de amor y comprensión que me dejaban con un sentimiento de impotencia y tristeza. Sin embargo, esos desafíos me forjaron, y son parte integral de quien soy hoy en día.

Pese a las circunstancias, siempre tuve una perspectiva positiva. Me refugiaba en la idea de que era "bonita por dentro", y esto me daba fuerzas. Decidí que, **cuando fuera mayor**, haría algo para que ningún niño pasara hambre o viviera rodeado de violencia y drogas. Esta convicción se convirtió en el motor de mi vida, impulsándome a ayudar a los demás siempre que podía.

Hoy, estoy comprometida a ayudar a otros que están pasando por lo que yo viví. He convertido mi dolor en fortaleza, y sigo diciéndome a mí misma que soy hermosa por dentro, independientemente de lo que digan los demás.

Lo verdaderamente importante es identificar lo que sientes en tu interior, eso que te duele, y sacar esa emoción. Eso me ayudó. Imagíname, huérfana de madre y de padre, viviendo con mi abuelita que trabajaba y no podía cuidarnos todo el tiempo.

Algunas de las veces que la acompañé, una de las niñas de la casa donde trabajaba, que tenía mi edad y asistía a escuela privada, igual que sus hermanos, pedía que me quedara con ella el fin de semana. Allí, algunos miembros de la familia jugaban básquetbol y me enviaban a buscar la pelota con desprecio, gritándome *"ve por la pelota, ojona*". Y así, cada vez que necesitaban algo, esa era la manera cómo me pedían que se los llevara. Me trataban mal, con palabras despectivas, pero yo permanecía callada y obedecía.

Un día, ya en mi etapa adulta, en la Universidad Iberoamericana de Tijuana, me reencontré con una de las personas que me había tratado mal en mi infancia. Un amigo me preguntó si necesitaba una secretaria y le dije que sí. Cuando vi sus ojos, me dije: "*esos ojos yo los conozco, esos ojos…*", pero no recordaba de dónde. Y de pronto, la reconocí. Era esa niña de donde trabajaba mi abuelita, que me trataba mal. Entonces mil emociones se me juntaron. Ahí estaba, la hija de Petra, la "ojona" a quien la enviaban a traer la pelota, ahora dándole trabajo a aquella hija de familia adinerada que la había tratado mal. Decidí no repetir su patrón y mi trato a ella siempre fue con amor, porque es ahí donde está el poder del cambio.

Nunca podrías imaginar cómo da vueltas la vida. Ella, la mujer que me llamaba "ojona" y me enviaba a traer la pelota con desprecio, terminó trabajando como mi secretaria, en mi propia fundación. Un día, la conversación llevó a una revelación. Le dije: "*Tú eres la hermana de Goyo, ¿verdad?*". Ella asintió. "*¿Sabes quién soy? Soy Lupita, la hija de Petra*", continué. La incredulidad se dibujó en su rostro. "*¿Tú eres la hija de Petra?*", preguntó asombrada. "*Sí, soy la 'ojona' a la que insultabas y humillabas*", le confirmé.

Ella me abrazó y pidió perdón, quedando sin palabras. Parecía impactada al ver cómo esa niña desamparada, huérfana y sin recursos, ahora encabezaba una fundación benéfica. Me preguntó por qué había creado la fundación. Le dije: "*Lo hice porque veo muchas necesidades en las familias. Recuerdo cómo me trataban mal y cómo eso me dañaba. Prometí que cuando fuera grande, haría algo por los niños, las familias y los adictos. Me propuse luchar por la justicia, y lo he hecho con amor*".

Mi trayectoria de vida ha sido larga y llena de lecciones. Siempre tuve pequeños amigos en el barrio, niños pobres como yo. Los reunía y les decía: "*Vamos a ayudar*". Ellos me seguían. Cuando alguien los maltrataba, corrían hacia mí gritando: "*Lupe, Lupe, me pegaron*". Siempre he sido una salvadora, enfocada en ayudar a los demás, basada en mis propias necesidades y experiencias.

Comprender el dolor ajeno se ha convertido en una parte fundamental de mi vida. Estoy convencida de que cuando un niño siente hambre, hay que alimentarlo; y si vive en un entorno de violencia doméstica, eso lo marcará para siempre. **Entender el sufrimiento ajeno es algo que se graba en tu alma cuando tú misma lo has vivido.**

Tuve la suerte de tener a mi abuela y a un padre adoptivo en mi vida. Ella era amor y trabajo, él un adicto y alcohólico. Estoy segura de que Tony también fue abandonado y sufrió en su vida. No puedo juzgarlo, porque no conozco toda su historia. Sin embargo, estas vivencias me enseñaron a ver el mundo desde una perspectiva diferente. Me mostraron que lo bueno que puedes hacer por los demás dejará una huella imborrable en tu vida.

Me enfoco en la violencia doméstica porque **yo la viví.** Entiendo a una madre que se deja golpear para proteger a sus hijos. Comprendo lo que es tener un padre o un hermano adicto. Sé que si no te fortaleces a ti mismo, si no te reconoces y descubres tus propios talentos, nadie más lo hará por ti. A menudo, la otra persona simplemente no tiene la capacidad o el entendimiento para hacerlo.

Por todas estas razones, me apasiona compartir mi mensaje. Amo lo que hago y disfruto enormemente cuando voy a centros de rehabilitación para hablar con jóvenes. Les digo que no son culpables, que son víctimas de una mala situación, de una educación deficiente, de falta de recursos y de falta de conocimiento. Y eso es lo que me impulsa cada día: **hacer una diferencia en la vida de los demás.**

Entonces, ¿cómo pude convertir una vida llena de dificultades y retos en una historia de triunfo y superación?

Quiero hacerte una pregunta.

Si contara con una máquina del tiempo y pudiera enviarle a aquella niña de siete años, a mi yo más joven, **un manual de secretos** que le enseñara a construir una familia de lazos fuertes, ¿te interesaría contar con ese manual?

Pues bien, **lo tienes en tus manos.**

Ahí nace la motivación para la creación de este libro. Si tuviera la oportunidad de transmitirle a mi yo más joven los pasos precisos para formar una familia llena de relaciones fuertes y estables, este libro sería mi herramienta para hacerlo.

¿Estás dispuesta a escribir tu propia historia de transformación?

Entonces, ¡comencemos!

EL AMOR ES LA RESPUESTA

Es verdad que a veces no entendemos por qué vivimos ciertas experiencias, y tampoco podemos prejuzgar a los demás sin conocer sus historias. Puede ser un patrón de conducta que hemos heredado. A menudo nos cuesta aceptar lo extraordinarias que somos, lo capaces que somos de cambiar la vida de otros, simplemente porque no reconocemos nuestros propios talentos y a veces, tampoco nos damos el reconocimiento a nosotras mismas.

La **autoestima** es fundamental en este proceso, ya que está en la base de nuestra mente, cuerpo, emociones y comportamiento. Es cierto, somos lo que ponemos en nuestra mente y en nuestro entorno. Y aunque la mente no tiene sentido analítico, lo que le pongas es lo que acabarás creando en tu vida. ¿Cómo puedes llenar tu mente de cosas buenas cuando has vivido con un padre abusivo o cuando has pasado hambre? La respuesta está en reconocer tus propios talentos, en saber que eres única y que nadie más en el mundo es como tú.

Yo, Lupita Castellón, soy un ejemplo de esa fortaleza. He vivido casi todo, desde el amor hasta el desamor, desde el divorcio hasta las relaciones insanas. He vendido tomates y chiles para salir adelante. Cuando has vivido en la pobreza, comprendes mejor las luchas de los demás. Pero la violencia y el sufrimiento no son exclusivos de ninguna clase social, y además, existen en todas las esferas de la persona: físicas, emocionales, psicológicas y económicas.

Por eso estoy preparada y, más que eso, soy una apasionada por ayudar y servir. Comprendo el dolor y sé cómo canalizarlo para hacer un bien mayor. Porque cuando te reconoces a ti misma, cuando te das cuenta de que cada ser humano es extraordinariamente capaz de hacer el bien, se despierta en ti un tipo de amor y compasión que te impulsa a actuar. Y en ese actuar, en ese servir, es donde verdaderamente nos encontramos a nosotras mismas.

Efectivamente, hay varios tipos de violencia y, lamentablemente, muchas veces no sabemos cómo identificarlos o enfrentarlos. Es ahí donde voces como la tuya se hacen necesarias, para decir "sí se puede", para transmitir un mensaje de esperanza y de acción.

Siempre he sostenido que **cualquiera que sea la pregunta, el amor es la respuesta.** El amor es una fuerza transformadora; es lo que te hace vulnerable, comprensivo, dedicado y empático. Es el amor lo que te permite ver las cosas desde otra perspectiva, entender que hay algo más grande en juego. Y aunque el concepto de amor puede ser difícil de entender a veces, cada uno de nosotros lo tiene dentro.

¿Cómo encontrar ese amor, especialmente si sientes que no hay amor en tu corazón? Ahí es donde entro yo, Lupita Castellón, con mi experiencia y mis conocimientos. Puedo enseñarte los secretos para cultivar el amor en tu vida. Porque el amor, combinado con la empatía, la autoestima, la comunicación efectiva y otros secretos que te descubriré más adelante, te transformará en un mejor ser humano, en una mejor joven, madre, hermana, o líder en tu comunidad.

Y quiero que sepas algo: no necesitas tener dinero o un título para hacer una diferencia en el mundo. Lo único que necesitas es **un corazón lleno de amor y gratitud.**

Es esa calidad interna la que te permitirá ayudar y servir a los demás. **Debes quererte y valorarte primero, descubrir tus talentos y enamorarte de lo que haces.** Al reconocer tus habilidades y admitir que eres única —pero también que hay personas como tú, e incluso mejores—, puedes aplaudirles, y a la vez sentirte gratificada por lo que haces, porque te lo mereces.

Recuerda siempre, todo lo que nos pasa en la vida ocurre por una razón. A veces pensamos que las experiencias negativas son simplemente eso: negativas. Pero es a través del sufrimiento que llegamos al entendimiento, y del entendimiento al amor. Y gracias a esas dificultades, también viene lo bueno. Porque incluso en los momentos más oscuros, hay lecciones que nos hacen más fuertes, más sabios y, sí, más llenos de amor.

Se dice que en las grandes batallas, en los momentos más oscuros, es cuando surgen las mejores ideas. Yo misma lo he experimentado. En mis episodios de depresión —porque sí, soy un ser humano como cualquier otro— es cuando escribo mejor, cuando las ideas fluyen de manera más intensa. A veces me despierto a las tres de la mañana solo para escribir, porque siento que esa es mi misión. Desde que tenía siete años, supe que mi misión en la vida era servir a los demás, estar al frente de la lucha por mejores relaciones familiares: entre padres e hijos, entre hermanos, para que cada uno sea una mejor persona en su núcleo más cercano.

Ahora, hablando de una historia específica donde haya podido hacer una diferencia, me viene a la mente una familia que conocí hace unos años. Se trataba de un hogar desgarrado por la violencia doméstica y la adicción. El padre era alcohólico, y la madre estaba tan sumida en su propio dolor que apenas podía cuidar de sus hijos. Uno de los niños estaba empezando a mostrar signos de conducta violenta en la escuela.

Me involucré directamente ofreciendo asesoramiento emocional y espiritual. Trabajamos en conjunto, identificando patrones de conducta, rompiendo ciclos de abuso, y sobre todo, estableciendo comunicación. Pero el cambio más significativo ocurrió cuando logramos que el padre ingresara a un programa de rehabilitación para tratar su alcoholismo. La madre también empezó a tomar terapia psicológica y los niños fueron inscritos en actividades extracurriculares que los ayudaron a encontrar un propósito más allá de su hogar problemático.

Fue un proceso largo y difícil, pero al cabo de un año, empezamos a ver cambios significativos. El padre había logrado mantenerse sobrio y estaba trabajando. La madre había encontrado un empleo y estaba más empoderada. Los niños, en particular el que presentaba signos de violencia, habían mejorado en la escuela y mostraban una actitud más positiva.

Esta familia me recordó por qué hago lo que hago, por qué sigo adelante, incluso en los momentos más oscuros. No solo confirmó la importancia de mi misión, sino que también me enseñó que el amor, la empatía y el compromiso pueden generar cambios significativos, incluso en las circunstancias más desesperadas.

En cierta ocasión, fui a Tijuana para visitar a una amiga muy querida. Cuando llegué, había otra persona con ella, una joven. De inmediato supe que necesitaba ayuda, pero como no la conocía, tenía que ser respetuosa y mantener la distancia. Al despedirme, me acerqué, toqué su hombro y le dije: "*Mucho gusto, si necesitas algo, estoy para servirte*", y le entregué mi tarjeta. Mi amiga, que también se llama Lupita, la animó a que hablara conmigo. "*Lupita Castellón te va a ayudar*", le aseguró.

En ese momento, la joven empezó a llorar. La abracé y le pregunté qué le ocurría. Me contó su terrible historia: había venido desde Phoenix, Arizona, huyendo de un hombre que la maltrataba y abusaba de ella. Este individuo, un ciudadano estadounidense, no quería firmar sus papeles de inmigración, y ella vivía aterrada. Estaba pálida, se veía mal, pero yo prometí que la ayudaría.

Tan pronto como crucé la frontera en San Ysidro, llamé a la fiscalía. Me puse en contacto con Jessie Navarro, una persona que siempre me había ayudado en casos de violencia doméstica. *"Tráemela a la fiscalía, la vamos a ayudar"*, me dijo. Jessie Navarro, quien ya está retirado, ha sido un pilar en mi trabajo y quiero reconocer su esfuerzo y dedicación. Gracias a él, pudimos hacer algo significativo por esta joven.

Al día siguiente, cumplí mi promesa y llevé a la joven a la fiscalía. Se inició un proceso para ofrecerle protección y recursos para empezar una nueva vida. Y aunque el camino fue largo y lleno de obstáculos, hoy puedo decir que ella se encuentra mucho mejor. Está reconstruyendo su vida, trabajando y estudiando. Y todo esto se logró gracias a una red de apoyo y, sobre todo, a la disposición de personas para ayudar y servir a otros. Este caso refuerza por qué hago lo que hago, y cómo el amor, el respeto y la empatía pueden cambiar vidas.

Tras conducirla a la fiscalía y hablar con Jessie Navarro, seguimos sus indicaciones para llevarla a una casa segura. Estas casas, cuyas ubicaciones son confidenciales para proteger a los residentes, ofrecen terapia y asistencia emocional. Jessie también intervino para cancelar cualquier obligación financiera que ella tuviera con su anterior vivienda. Le otorgaron una carta que confirmaba que era víctima de violencia, lo cual aceleró su proceso de inmigración. Gracias a una visa especial llamada "Visa VAWA" para víctimas de violencia doméstica, rápidamente obtuvo su residencia legal.

Con el tiempo, la joven se recuperó y se trasladó a otra ciudad para empezar una nueva vida. Perdí su rastro durante cinco años, hasta que un día recibí una llamada inesperada. "*Lupita, ¿te acuerdas de mí?*", me preguntó. "*Claro que sí*", le respondí. Nos encontramos al día siguiente en un *Jack in the Box* de San Ysidro. Cuando la vi, estaba transformada; era una persona completamente diferente.

Nos abrazamos y, mientras comíamos y tomábamos un refresco, comenzó a contarme su historia de recuperación. "*Comencé a trabajar, gané mucho dinero y construí mi propia casa en Phoenix, Arizona*", me platicó. Pero lo que más me emocionó fue cuando me dijo: "*Lupita, no solo me has ayudado a mí, has ayudado a mis hijos, a mis nueras y a mis nietos. Mis hijos ahora están muy bien económicamente. Me sacaste de la depresión y les diste un futuro a todos ellos".*

Le aclaré que el mérito también era de los psicoterapeutas y de todo el equipo que la apoyó, pero ella insistió: *"Si no hubieras sido la piedra angular, nunca habría pasado todo esto. Solo quería que supieras cuánto te agradezco y cuánto te quiero. Te llevaré en mi corazón por el resto de mi vida"*, dijo antes de despedirse, emocionada.

Fue un momento poderoso que reafirmó mi misión y el impacto que podemos tener en las vidas de los demás. Ver **su transformación** fue algo maravilloso, un testimonio tangible del poder del amor, el respeto y la empatía para cambiar vidas. Este es el tipo de impacto que todos podemos tener si estamos dispuestos a ayudar y servir a los demás. Y por eso, cada vez que enfrento un nuevo desafío o encuentro a alguien en necesidad, pienso en ella y en cómo el amor y el apoyo pueden realmente transformar vidas.

Le compartí que, además de ayudar a los demás, me había convertido en psicoterapeuta. Sin embargo, también le confesé que la vida me ha presentado sus propios desafíos, como el hecho de que mi esposo padece de leucemia. Ella me preguntó: *"¿Cómo logras equilibrar tu dedicación para ayudar a otros con la atención a la salud de tu esposo?"* Le respondí que el equilibrio es posible cuando tienes pasión por lo que haces y amor en tu corazón.

"Es cuestión de organizarse", le dije. *"Mi esposo es una persona maravillosa que siempre me ha apoyado. Él entiende que ayudar a los demás me hace feliz, y ese apoyo es mutuo. Además, yo también soy una sobreviviente de cáncer, así que comprendo lo que él está pasando. He pasado por quimioterapia, he enfrentado la depresión y, gracias a Dios, he superado el cáncer. El de mi esposo aún no, pero él está lleno de amor y eso le da una fuerza extraordinaria. Creo firmemente que el amor y el apoyo mutuo nos dan la energía para enfrentar cualquier obstáculo."*

Esta conversación me recordó que, incluso cuando tenemos nuestras propias batallas que lidiar, el poder de ayudar a otros es, en sí misma, una fuente de fortaleza. Y aunque se presentan desafíos, el amor, la pasión y el apoyo mutuo nos proporcionan la resiliencia para continuar. Mi esposo y yo encaramos la adversidad con amor, y eso nos ha permitido ayudar a otros, incluso en medio de nuestras propias luchas. Ese amor y apoyo mutuo, creo yo, es una forma divina de retroalimentación que nos brinda la energía para seguir adelante.

Pero no te imaginas el desafío tan difícil que tuvimos en uno de mis embarazos (te lo cuento a continuación)...

UN EMBARAZO DIFÍCIL

Mi marido y yo estamos casados desde 1987, y hemos enfrentado juntos tanto los momentos felices como los difíciles. Además de mis desafíos de salud como diabética e hipertensa, viví una experiencia especialmente impactante durante un embarazo.

Empecé a sentirme mal y me llevaron al hospital, donde me diagnosticaron preeclampsia, una enfermedad que afecta a mujeres embarazadas, causando hinchazón y alta presión arterial. Pensé que estaría bien después de algún tratamiento, pero al día siguiente los médicos entraron corriendo a mi habitación, diciéndome que, debido a la gravedad de mi condición, contaba con solo doce horas de vida.

Llamaron a mi esposo y le plantearon una decisión angustiante: ¿a quién deberían intentar salvar, a mí o a nuestra hija por nacer? Mi esposo, con una convicción inquebrantable, respondió: "*A las dos. Solo Dios tiene la última palabra y yo sé que Él nos va a salvar a ambas*". Y así se mantuvo, incluso cuando los médicos insistían en una respuesta más definitiva. Él creció en un pequeño pueblo cerca de Guadalajara, con fuertes valores y una fe católica que compartimos.

Libré las primeras horas, los días pasaron y mi condición se deterioró. Finalmente, llegó el momento de la cesárea. Me llevaron al quirófano, donde me anestesiaron solo de la mitad del cuerpo para abajo. Podía ver y escuchar a los médicos, algunos hablando en español, otros en inglés, discutiendo sobre lo crítica que era mi situación. Escuché palabras como "infarto" y "está al máximo". En ese momento, cerré los ojos y elevé una plegaria: "*Señor, que se haga tu voluntad. Tú sabes que tengo una misión importante que cumplir*".

Justo cuando los médicos decían que el infarto era inminente, escuché un pequeño ruido, como el maullido de un gatito: era mi bebé. Había nacido. Y en ese instante, supe que ambos estábamos a salvo, gracias a una combinación de fe, amor y un esposo que nunca dejó de creer que sobreviviríamos.

Pero el pánico había llenado la sala de operaciones cuando los doctores exclamaron que estaba en peligro inminente de sufrir un infarto. El ambiente estaba cargado de tensión mientras agarraban a mi bebé recién nacida, quien pesaba apenas dos libras y enfrentaba una condición de mucha fragilidad. Mi esposo, con las manos temblorosas, pero llenas de esperanza, recibió a nuestra pequeña hija y corrió hacia el elevador para llevarla a terapia intensiva neonatal. Todos sabían que cada segundo contaba.

Mientras tanto, en el quirófano, los doctores me miraban con incertidumbre. Se intercambiaban miradas, como si no pudieran creer que aún estuviera consciente. Incluso después de que me sacaron a la niña y comenzaron a suturarme tras la cesárea, la tensión en la sala era palpable. Me trasladaron a un cuarto muy frío que usualmente es el último destino para los pacientes en estado crítico. Aunque el ambiente era helado, yo me sentía extrañamente tranquila. Una enfermera me cubrió con una manta, y pese al frío, algo en mi interior me decía que todo iba a estar bien.

Una vez ahí, vino una enfermera y al ver que estaba parpadeando, me preguntó a quién quería ver. Sin dudarlo, le dije que quería ver a mi hija mayor, quien, además, estaba embarazada de mi primera nieta. Pronto, mi hija entró en la habitación, su cara era un poema de emociones contradictorias: alivio por verme consciente, pero temor por lo que pudiera pasar. Entonces yo le tomé la mano y le dije: "*Mija no te preocupes, Dios existe y aquí está conmigo, Él me operó, tú no te preocupes, todo va a estar bien*", y de verdad, lo dije con todo el amor y la certeza que pude reunir. Mi hija me miró, sus ojos llenos de lágrimas, pero también, de un nuevo resplandor de esperanza.

En eso entró la enfermera corriendo, porque yo creo que pensaba que ya me había muerto. Observó el monitor, luego a mí, y parecía sorprendida. "*No puedo creerlo*", exclamó antes de salir y volver con varios médicos. Aparentemente, mi presión había bajado dramáticamente, un cambio que atribuyeron al alivio emocional de haber visto a mi hija mayor. La enfermera, todavía en estado de asombro, me comentó, "*Usted no debería estar aquí*", refiriéndose al cuarto designado para aquellos en estado crítico terminal.

Fui trasladada a una unidad de cuidados intensivos donde pasé muchas horas antes de ser movida a mi habitación regular. Aunque había sorteado el peligro inmediato, no estaba fuera de peligro por completo. Desarrollé neumonía y tuve que permanecer en el hospital por más tiempo.

Mi bebé, por otro lado, fue trasladada a la Unidad de Cuidados Intensivos Neonatales (NICU, por sus siglas en inglés). Su estado era crítico. Incluso mi cuñado, un médico internista muy respetado en Ensenada, dudó de su supervivencia. Me dijo ya años después: "*Cuñadita, te juro que cuando vi la condición de la niña, yo dije «esa niña cómo va a vivir si no tiene pulmones»*". Pero mi esposo y yo nunca perdimos la fe. Siempre repetíamos, "*Va a vivir, va a vivir*".

Mi hija pasó por 25 incubadoras, un recorrido médico que reflejaba su batalla por la vida. Cada onza que ganaba era una victoria, un motivo de celebración para las enfermeras y para nosotros. "*¡Una onza más!*", exclamábamos como si hubiera ganado una medalla. Finalmente, pudimos llevarla a casa cuando pesó siete libras.

COMPLICACIONES

Durante este período de angustia y desafíos, mi esposo iba al hospital todos los días después del trabajo. Yo, todavía en recuperación y atendiendo a mis otros hijos, no podía visitarla tan frecuentemente. Pero la carga emocional era igual para ambos.

Un día nos hablaron por teléfono para informar que necesitaban hablar con nosotros. Mi esposo y yo sentimos un nudo en el estómago. Al llegar y ver una ronda de médicos esperándonos, intuimos que las noticias no serían buenas. Y así fue: nos informaron que había un 99% de posibilidades de que nuestra hija fuera invidente de por vida. Solo había un 1% de probabilidad de que la cirugía tuviera éxito. Miramos a los ojos del otro y, casi al unísono, dijimos: *"Que la operen"*. Los médicos nos mostraron un modelo de ojo para explicar que a nuestra hija le faltaban ciertos vasos sanguíneos en sus ojos, una situación muy arriesgada para cualquier tipo de cirugía.

Sin embargo, estábamos decididos, y quizás los médicos pensaron que estábamos locos. No obstante, entendían que la decisión final era nuestra y respetaron nuestra elección. Sabíamos que enfrentábamos un riesgo considerable, incluido el de perderla durante la operación, debido a las complicaciones de la anestesia.

Llegó el día de la cirugía, y allí estábamos, siguiendo a la ambulancia que transportaba a nuestra pequeña guerrera. De la mano y rezando, recordamos todas las buenas acciones y amor que habíamos dado al mundo, confiando en que Dios nos favorecería. Sentíamos que nuestra hija tenía una misión especial en este mundo, y estábamos decididos a darle todas las oportunidades para cumplirla.

Finalmente, llegamos al segundo hospital donde la cirugía se llevaría a cabo. Fue allí donde conocimos al Dr. Brown, el cirujano que asumiría el caso de nuestra hija. *"Soy el médico que operará a su hija"*, dijo con un aire de seriedad, pero también de comprensión. *"Una vez que haya terminado la cirugía, saldré y les informaré del resultado."*

Con el corazón latiendo fuerte en el pecho, nos sentamos en la sala de espera, cada minuto parecía una eternidad. Nos tomamos de las manos y continuamos rezando, esperando.

Con esa seguridad del corazón de que Dios está contigo y que Dios es poder y que tu creencia es fuerte, pasaron muchas horas. No sabemos cuántas. De pronto, vi salir el doctor quitándose la mascarilla, rascándose la cabeza, y movía y movía la cabeza… ¡Imagínate! Yo lo vi desde lejos y dije: "*Pues, ¿qué pasó… por qué viene agachado… por qué mueve la cabeza… por qué se agarra el pelo?*" Cuando llegó ante nosotros, nos paramos de inmediato y casi le gritamos: "*¿Qué pasó? ¿Cómo está la niña?*" Y el doctor nos dijo: "*Yo no sé quiénes son ustedes… yo no sé qué es lo que hacen… pero sí les voy a decir algo… la operación fue todo un éxito… ¡Y su niña va a poder ver!*".

Luego de la cirugía, regresamos al hospital donde nació, donde las enfermeras la trataban con tanto amor que la hacían sentir en un segundo hogar. Nos dábamos cuenta de lo mucho que ella respondía a nuestro amor y aliento, incluso en su estado frágil. Y aunque los desafíos continuaron —ella tenía un soplo cardíaco y necesitaba un monitor constante debido a episodios de apnea— nosotros, como padres, estábamos decididos a hacer todo lo necesario para que creciera fuerte y saludable.

Me matriculé en todos los cursos que pude encontrar sobre cuidados infantiles especializados, desde resucitación hasta manejo de equipos médicos. No dormía bien, siempre estaba alerta a la alarma del monitor, pues si sonaba, era porque mi hija había dejado de respirar. Esa alarma se oía por todos los rincones de donde vivíamos. Recuerdo que un día sonó tan fuerte que llegaron los bomberos, pensando que algo terrible había sucedido.

Con el tiempo, y tras superar múltiples obstáculos, nuestra hija empezó a mejorar. Los médicos pudieron eliminar el monitor cardíaco. Incluso tuvo que someterse a una operación de oído porque no podía escuchar bien. Después de esa cirugía, aunque no oye perfectamente, se encuentra increíblemente bien.

Y así, nuestra Griselda, que desde pequeña había demostrado una fuerza de voluntad y una pasión por ayudar a los demás que iba más allá de su corta edad, tomó una decisión que nos llenó de orgullo: quería ser psicóloga especializada en niños con necesidades especiales y autismo. Para mí, como madre, escucharla hablar con tal determinación y amor por lo que quería hacer, era el reflejo de todos esos años de lucha, de amor incondicional, de noches sin dormir y de cursos de capacitación. Se trataba de la manifestación de un amor que había trascendido todas las barreras, todas las dificultades.

Ella y su padre se dedicaron a investigar universidades, a aplicar y a visitar campus. Y aunque fue aceptada en todas las universidades a las que aplicó, eligió la que consideró que sería su mejor plataforma para hacer el bien en el mundo, donde ella sintió que podría causar más impacto y a la vez recibir la mejor educación para alcanzar sus metas.

Para entonces, Griselda ya llevaba años de experiencia trabajando para el Estado, ayudando a jóvenes en situaciones difíciles a encontrar empleo, a prepararse para entrevistas de trabajo, incluso ayudándoles a elegir la ropa adecuada. Ella realizaba esta labor más allá de un simple trabajo; para ella, se trató de una misión de vida, de una pasión.

El día que la dejamos en su nueva casa para la universidad, me ahogaba en un mar de emociones. Por un lado, el orgullo desbordante de ver a mi hija luchando por sus sueños. Por otro, un sentimiento de vacío y de miedo a enfrentar la distancia que nos separaría. Pero siempre supe que debía ser fuerte por ella, y que más me valdría seguir impulsándola a creer en sí misma, a saber que es una guerrera, que tiene el poder de transformar su mundo y el de los demás.

Qué bendición fue saber que ella se mudó con una mujer que compartía nuestros valores, una persona que también vio en Griselda esa luz única que la hace especial. Y cuando llegó el día de su graduación, no solo estábamos nosotros, su familia, sino también esta maravillosa mujer que se convirtió en una segunda madre para ella durante su tiempo en la universidad.

Al terminar su carrera, Griselda tomó otra decisión significativa: regresar a San Diego para hacer su maestría. A estas alturas, ya tenía una relación seria. Un joven con dos maestrías, alguien que al principio me costó aceptar, pero que con el tiempo aprendí a querer como a un hijo más. Ahora llevan casi diez años juntos, han comprado una casa en San Jacinto, California, y siguen edificando una vida llena de amor y comprensión.

Es increíble ver cómo Griselda, aparte de tener su maestría, trabaja para el Estado y además ha iniciado su propio negocio de arreglos florales. Ella continúa su misión de ayudar a los demás, de estar al servicio de la comunidad. Y todo eso nació de un corazón lleno de amor, persistencia y la firme creencia en que ella podía hacer la diferencia.

Si hay algo que esta historia me enseña cada día es que el éxito de un hijo es el mejor regalo para un padre. El verdadero éxito no se mide en diplomas o en cuentas bancarias, sino en el amor, en la compasión, en la habilidad de transformar vidas para mejor, algo que Griselda logra cada día. Y esa es la recompensa más grande que una madre puede pedir: ver a su hija, que un día luchó por su vida con solo cinco meses y dos libras, convertirse en una mujer fuerte, independiente y amorosa que sigue haciendo el bien en el mundo.

Estoy eternamente agradecida por tener una familia tan funcional, unida por valores sólidos y un amor incondicional. Sé que muchas familias enfrentan disfunciones y desafíos, pero aquí está la prueba de que con amor y dedicación, se puede construir algo hermoso. Griselda es la personificación de eso, y cada día me siento más orgullosa de ser su madre.

Ahora que, si hablamos de cosas duras, lo que viene en el siguiente capítulo es algo que me duele mucho recordar… pero lo tengo que escribir.

Es algo que me cambió la vida por completo.

HABLANDO DE COSAS MUY DURAS

Entiendo perfectamente el poder transformador de la comunicación. No solo en nuestras relaciones con los demás, sino también con nosotros mismos. Por eso siempre recomiendo buscar ayuda profesional, participar en ministerios de pareja, retiros espirituales y leer libros que nos ayuden a crecer emocional, psicológica y espiritualmente. No importa cuál sea el problema, siempre digo que **el amor es la respuesta.**

Ahora, sobre mi experiencia personal con la escritura de este libro... nunca imaginé cuán liberador sería. Durante años, incluso décadas, he almacenado dolor que nunca me atreví a enfrentar, ni siquiera en sesiones con psiquiatras o psicólogos. Pero al decidir escribir, al sacar esa 'garra' que estaba enterrada en mí, he encontrado una liberación tremenda.

Siempre he creído que *"el que no vive para servir, no sirve para vivir."* Y, de alguna manera, al escribir mi libro, no solo he estado sirviendo a los demás, sino que también he empezado un proceso de sanación para mí misma. Es un círculo virtuoso de servicio y autotransformación.

Sé que es devastador hablar de momentos oscuros como el suicidio, el abuso y la desvalorización. Sentía mucha vergüenza, pero al enfrentar estos demonios, me he liberado y, quién sabe, quizás haya abierto un camino para que otros hagan lo mismo. Por eso, aunque escribir sobre estos temas me duela hasta el pecho, estoy agradecida por la oportunidad que Dios me ha dado para liberar estas emociones y experiencias a través de estas letras.

Escribir este libro ha sido tanto un regalo para mí, como un faro de esperanza que espero que alumbre el camino de los demás. Y por eso, le doy gracias a Dios. Estoy emocionada por lo que vendrá y ansiosa de compartirlo contigo.

LA HISTORIA
QUE CAMBIÓ MI VIDA

Entonces, ahí estaba yo, en un evento de lucha libre al cual mi amiga me había llevado casi a fuerzas. No me gustaba la violencia del deporte, pero finalmente cedí ante su insistencia. El esposo de mi amiga luchaba esa noche, y ella no quería ir sola. A pesar de la advertencia de mi abuelita, quien también consideraba que estas luchas eran pura violencia, decidí acompañarla.

Esa noche, vi por primera vez cómo es este mundo de la lucha profesional. Aunque la habilidad del esposo de mi amiga era innegable, no podía evitar sentir una especie de rechazo hacia todo el ambiente. Finalmente, el evento terminó, y otros luchadores tomaron el escenario. Fue entonces cuando un hombre se sentó detrás de mí.

Siempre he sido una persona seria, observadora y callada. No me gustan los escándalos y mucho menos, la falta de respeto. Este hombre, que resultó ser uno de los luchadores, me disgustó desde el momento en que lo vi luchando. Su estilo era violento y desconsiderado con su oponente. En un momento dado, me levanté de mi silla y al intentar sentarme de nuevo, sentí cómo este hombre jaló mi silla hacia atrás. No lo pensé dos veces, lo miré con desaprobación, recuperé mi silla y me senté.

Después de eso, el luchador le preguntó a mi amiga sobre mí. Ella, sabiendo cómo soy, intentó disuadirlo diciendo que soy una mujer muy seria y que probablemente no tendría interés en conocerlo. Y ella tenía razón. Le expliqué a mi amiga lo mucho que me había disgustado su comportamiento tanto dentro como fuera del ring. "*Eso no lo hace un caballero*", le dije, "*no me lo presentes*".

Bueno, la cosa es que él insistió tanto, pero tanto, tanto, que a cada momento le decía a mi amiga: "*¡Preséntamela, preséntamela!*" Y mi amiga le decía "*Lupita no va a querer. Lupita es una muchacha muy recatada y no te va a hacer caso*".

Un día, mi amiga vino a mi casa y me dijo que su suegra quería hablar conmigo. Cuando llegué a su casa, me encontré con que él estaba detrás de la puerta, lo cual me molestó mucho. Pero insistió en que solo quería ser mi amigo.

A pesar de mis reservas iniciales, su educación y cortesía comenzaron a llamar mi atención. Era amable, guapo y me trataba muy bien. Finalmente, cedí ante su persistencia. Nos hicimos novios, y cuando cumplí 15 años, él cumplió su palabra de "robarme", como decía en broma. Nos fugamos, y mi abuelita y Tony, aunque molestos al principio, aceptaron nuestra relación cuando él aseguró que se casaría conmigo.

Nos casamos, y los primeros días fueron maravillosos. Me sentía amada y valorada, algo que nunca pensé que encontraría en un hombre que me había disgustado inicialmente. Pero después de un tiempo, las cosas cambiaron drásticamente, especialmente después de quedar embarazada de mi primer hijo. Comenzó a tratarme mal, a ignorarme. Sentía como si me tuviera rencor.

Mi situación con él se complicó aún más después de que quedé embarazada por segunda vez. Mientras que él fue un padre ejemplar para nuestro primer hijo, conmigo la relación siguió deteriorándose. Los malos tratos eran cada vez peores; en una ocasión llegó a lanzarme un reloj en la espalda. Decía que no quería otro hijo y su actitud hacia mí se volvió aún más hostil. Durante el embarazo, me trataba como si fuera la criada, sin respeto ni consideración.

Mis sentimientos estaban hechos un desorden completo. Tenía solo 16 años, una niña criada en casa que había entrado en un mundo adulto demasiado pronto. A pesar de mi juventud e inexperiencia, siempre me esforcé por hacer lo mejor para mi familia, para mantener la casa limpia y cuidar de nuestros hijos. Pero él no parecía apreciar nada de esto. Era narcisista, siempre preocupado por su apariencia y completamente desinteresado en cómo me sentía.

Con cada palabra hiriente y cada acto de indiferencia, sentía cómo se desmoronaba mi autoestima. Tenía miedo, mucho miedo. No solo por mí, sino por el bienestar de mis hijos. Él vivía en un mundo aparte, disfrutando de lujos personales mientras yo me desvivía por mantener un hogar que cada vez me parecía más ajeno. A pesar de que había trabajado como modelo desde los 13 años, mi autoestima estaba por los suelos debido a su constante desprecio.

Mi mente era un torbellino de pensamientos y emociones,

cada vez más oscuros y complicados. Aunque tenía a mis hijos, que eran mi mundo, me sentía como si estuviera en un camino sin salida. La vida, que una vez me había parecido llena de posibilidades, ahora no tenía sentido para mí.

Era una realidad dolorosa y aterradora: estaba atrapada en una relación tóxica sin saber cómo liberarme. Pero lo peor de todo era que, en algún rincón de mi ser, me temía que quizás este era el destino que me esperaba, y eso era lo más aterrador de todo.

La llegada de mi segunda hija se convirtió en una de las experiencias más complicadas y emotivas de mi vida. Me acuerdo de que no me quería llevar al hospital ya para dar a luz. Le tuve que suplicar llorando *"¡Ya voy a tener al bebé! ¡Llévame por favor!"* Pero él seguía ahí, inmóvil, casi como si disfrutara viendo mi angustia.

Cuando por fin decidió moverse, con toda su indiferencia y desenfado, me llevó al hospital. Nos dirigimos al Seguro Social de Tijuana.

Allí estaba él, justo a mi lado, en ese instante crítico, como una sombra vacía de emociones. Me entregaron los zapatos especiales para entrar al quirófano, y en ese estado avanzado de mi embarazo, agacharme parecía una misión imposible. En medio de mi lucha, una enfermera pasó, mirando la escena con una mezcla de incredulidad y desaprobación.

Dirigiéndose directamente a él, le dijo: "*Oiga, usted es el esposo de ella, ¿verdad? ¿Por qué no le está ayudando? Ella está a punto de dar a luz, ¿qué no ve? ¡Haga algo, por Dios!*"

Esas palabras, dichas en un tono que no admitía discusión, parecían haberlo sacado de su indiferencia momentáneamente. A regañadientes, se agachó y me puso los zapatos de quirófano.

Cuando entré al quirófano, de inmediato nació mi bebé; una niña hermosa, con ojos azules, de pelo largo, una niña muy bonita, pero parecía que él no quería que esa niña naciera. Eso me dolía mucho más. Él no había querido otro embarazo y me echaba la culpa a mí. Yo me sentía muy mal, me sentía traicionada.

Al siguiente día, cuando vio a la niña, se dio cuenta de que era la misma cara de su abuela paterna. Solo dijo: "*Igualita a mi abuelita*". De ahí, claro, ya aceptó a la niña.

A pesar de este nuevo afecto hacia ella, mi situación

no mejoró. Él fue un gran padre con mis hijos, ellos lo saben. Les daba todo su cariño; yo veía cómo los trataba, pero conmigo no, o sea, a mí me lastimaba por todo. Yo trataba de ser mejor y él no lo valoraba, no lo tomaba en cuenta.

Me esforzaba todo el tiempo por ser la mejor madre y esposa que podía, pero mis esfuerzos nunca fueron reconocidos ni valorados por él. Años después, llegué a entender que **el valor tiene que venir de uno mismo**, algo difícil de recordar cuando uno está emocional y psicológicamente desgastado.

Mi abuelita siempre fue una mujer de manos verdes, su jardín parecía una fiesta de colores y aromas. Un día le dije, "*Ay, Tita, quiero tener plantitas como tú en mi casa*". Ella sonrió y me empezó a dar macetitas, pequeños tesoros que yo llevé con tanto cariño a mi hogar. Me convertí en una jardinera dedicada; cada maceta en mi barda era un mundo que yo podía nutrir y cuidar. Cada mañana, me levantaba con un entusiasmo que no encontraba en ninguna otra parte de mi vida, para arreglar mis plantitas.

Siempre tan estricto, tan serio. Nunca lo vi reír, siempre llevaba esa cara de dictador que podía arrugar un espejo.

Y, un día oscuro, él llegó en uno de sus habituales estados de enojo inexplicado, mientras yo estaba afuera, en mi pequeño paraíso verde. De pronto, empezó a lanzar mis amadas plantitas hacia un callejón como si fueran basura.

Ese gesto, ese momento, me destrozaron por dentro. Esas plantitas eran mi refugio, el único espacio donde podía sentir un poco de paz. El dolor que sentía al ser ignorada y maltratada por él se esfumaba un poco cada vez que regaba una planta, cada vez que veía una nueva hoja brotar. Pero él lo arruinó, como arruinaba todo lo bueno y puro en mi vida.

Él solo me tocaba cuando quería algo, nunca había lugar para mis emociones o necesidades. Me veía como un objeto más en su casa, y no podía soportar que tuviera algo que me hiciera feliz. Entonces, cuando arrancó ese pedazo de mi alma que había depositado en mis plantas, no pude hacer más que llorar. Lloré día y noche, durante días.

Hice un duelo por esas plantas como si fueran parte de mi familia, porque en cierto modo, lo eran. Me había refugiado en ellas, en su crecimiento, en su belleza sutil y sencilla, algo que estaba tan lejos de la vida que llevaba con él. Me dolía hasta el tuétano y solo quien ha sentido un vacío tan grande me podría entender.

Nunca me ofreció una pizca de amor ni ternura. Yo no era más que un objeto destinado a satisfacer sus necesidades, especialmente cuando buscaba placer. Vivía para sí mismo, en un mundo de egoísmo, ejercicios y lucha, sin espacio para mí. *"El gimnasio es de hombres"*, decía, como si su machismo justificara su indiferencia. Fue un largo camino hasta que entendí las dimensiones de ese machismo, de ese narcisismo que lo gobernaban. No me quiso, jamás me quiso, y asumir esa verdad me rompió el corazón. Sin embargo, gracias a ese hombre tuve a mis dos maravillosos hijos. Aprendí a verlo como un ser humano con un pasado complicado, incapaz de amar o comportarse adecuadamente. Pero no se detuvo ahí.

Un día, después de tantos años juntos, me dejó por otra mujer. Nos abandonó, a mis hijos y a mí. En ese instante, todo se volvió oscuro. Sentía que el suelo se abría bajo mis pies y no encontraba ni un rayo de luz en mi vida. Caí en una depresión tan severa que la muerte parecía el único escape. Me culpaba a mí misma; a fin de cuentas, había dado todo por mantener a flote nuestra relación y no fue suficiente.

Fue entonces cuando intenté suicidarme.

Me quise cortar las venas.

El abismo era profundo. Me encontraba sumida en una tristeza inmensa que destruía cualquier gramo de autoestima. Me preguntaba qué sentido tenía seguir viviendo si el hombre que había sido mi primer amor, el padre de mis hijos, me había abandonado. A mí, a la que había sido tan inocente, a esa niña que lo conoció a los 14 años y que a los 15 se fue con él. En ese momento tan bajo de mi vida, ya no importaban mis valores o mis deseos.

Sin embargo, algo dentro de mí reaccionó. No sé si fue el pensamiento de mis hijos, la memoria fugaz de la mujer fuerte que alguna vez fui, o simplemente un milagro divino… pero me arrepentí en el último momento. De alguna forma, encontré la fuerza para seguir adelante, para sobrevivir a ese naufragio emocional y encontrar tierra firme otra vez.

Pero el tiempo, ese gran sanador, continuó su marcha sin parar. Sobreviví a aquel pozo de desesperación y empecé a rehacer mi vida. Encontré trabajo en el aeropuerto y a pesar de las largas jornadas, de hasta diecisiete horas, sentía una especie de triunfo en cada día superado. Tenía que luchar por mis hijos, que quedaron en el cuidado amoroso de mi abuelita mientras yo trabajaba.

Pero incluso en ese renacimiento, la vida me lanzó otra

cruel prueba. Un día, mi hijo mayor cayó enfermo. Mi abuelita contactó a su padre, quien acudió y se llevó al niño. Ese fue el comienzo de otra larga pesadilla.

Cuando regresé a casa, mi abuelita me explicó lo sucedido. A partir de ese momento, mi hijo desapareció de mi vida. Intenté contactar con su padre, pero me dejaba esperando, ignorándome por completo. *"El señor todavía no llega"*, decía su secretaria, una y otra vez. Cuando finalmente pude confrontarlo, me soltó la frase más cruel que podía imaginar: *"Lo mandé a un orfanato"*.

Sentí como si el aire me faltara, como si todo el esfuerzo, todo el dolor, se hubiera convertido en una broma de mal gusto. *"¿Cómo puedes hacer algo así? ¡Yo tengo que trabajar porque tú no me ayudas!"*, le grité en la cara, pero su indiferencia permanecía inmutable.

Afortunadamente, mi posición en el aeropuerto me permitió tomar un permiso para buscar a mi hijo. Recorrí todos los orfanatos, hice todas las preguntas, seguí todas las pistas y aun así, no lo encontré. Cada día que pasaba sin saber de él se sentía como una eternidad. Imaginaba su rostro en cada niño que veía, me torturaba pensando si estaría abrigado, si tendría hambre. Mi hijo siempre había sido muy apegado a mí y pensaba en él cada noche. Me preguntaba constantemente: "*¿Quién lo estará cuidando ahora? ¿Quién se asegurará de que esté bien?*".

Las noches eran un calvario, un incesante flujo de preguntas sin respuestas, un vacío que ni siquiera el sueño conseguía llenar. "*¿Quién va a tapar a mi hijo? ¿Quién le va a dar de comer? ¿Cómo lo tratarán?*", esas preguntas me atormentaban, y no había un solo momento en que pudiera escapar de la angustia que me invadía.

EN BÚSQUEDA DEL HIJO

Un día, caminando por la calle Ocampo, en Tijuana, vi al padre de mi ex. Sentí un latido fuerte en mi corazón y lo detuve. "*Oiga, necesito su ayuda. Hace mucho que no sé de mi hijo y él no me dice nada*", le dije con el alma en un puño. "*Sé dónde está tu niño*", me contestó. "*Compra los boletos del avión y te llevaré con él*". Mis emociones estallaron; sentía que volvía a respirar.

A los días, le dije: "*Listo, ya compré los boletos: uno para usted, uno para mí y otro para mi niña. Nos vamos a Tepic*". En el viaje, iba con mi corazón palpitando en cada kilómetro que volábamos. Imaginé el reencuentro con mi hijo, el abrazo esperado, el amor no dicho pero sentido. Pero al llegar a Tepic, todo se desmoronó.

Él había mandado al niño de regreso a Tijuana antes de que llegáramos. La desilusión me golpeó como un tsunami, llevándose mi esperanza y dejándome de nuevo en un abismo de sufrimiento y búsqueda.

Al paso de un año, él había dejado a esa mujer por la que me abandonó. Ahora estaba casado con otra. Un día, decidí seguir a esta nueva esposa con todo el sigilo que pude reunir. Llegué hasta su casa y me armé de valor, toqué la puerta y, ¡vaya sorpresa para ambas! Nos reconocimos de inmediato. *"¿Tú qué haces aquí?"*, me dijo, y yo le contesté: *"Soy la exesposa de él. ¿Tú eres la actual?"*. Habíamos ido juntas a la misma escuela de niñas, vivíamos en la misma colonia. El destino nos había vuelto a cruzar, pero ahora como mujeres unidas por un mismo hombre y un destino complicado.

Le confié mi dolor, le hablé de mi hijo. *"Vine por él"*, le dije con el corazón en la garganta. Aceptó y llamó al niño. Y ahí estaba él, mi pequeño, mi vida. Nos abrazamos y en ese momento supe que no podría dejarlo ir otra vez. *"Me lo llevo"*, le anuncié, y ella asintió. *"No entiendo cómo pudo hacerte tanto daño"*, me dijo con sinceridad.

A pesar de recuperar a mi hijo, la felicidad fue efímera. Tuve que volver al trabajo y mi ex, aprovechando mi ausencia, volvió a llevárselo. Pero esta vez no iba a quedarme con los brazos cruzados. Hablé con mi jefe, un hombre humano y amable que había sido siempre mi apoyo en el aeropuerto donde trabajaba. *"No te preocupes, Lupita, vamos a luchar por tu hijo. Te conseguiré el mejor abogado"*, me aseguró. Y así comenzó otra fase de mi incansable lucha por recuperar a mi niño.

Así que cuando me reuní con el abogado, estas fueron sus palabras. *"Mire, señora, ¿cuánto tiempo lleva su hijo con él?"*, me preguntó. Le dije la verdad y su respuesta me golpeó como una tonelada de ladrillos: *"Mejor déjele el niño a él. Usted tiene que trabajar, él está más acostumbrado a estar con su padre"*. Pero yo sabía que mi niño tampoco estaba realmente con él; sin embargo, el abogado insistió: *"Siga su vida, déjele el niño"*.

Caí en otra depresión. Busqué ayuda profesional, y una psicóloga que al escuchar mi historia me dio una estrategia: *"Lo importante aquí es que su hijo sepa que usted está intentando verlo, aunque su padre lo impida"*. Porque él era así, un hombre controlador y autoritario, incluso con sus otras hijas. *"Vaya a donde ellos viven, solo hágase ver por su hijo"*, aconsejó la psicóloga.

Y así lo hice. Me escondía entre los autos estacionados cerca de donde ellos jugaban en las tardes. Sabía que la esposa actual tenía otras hijas y que solían salir a jugar.

Esperaba el momento y, cuando lo veía, gritaba su nombre discretamente: "*¡Aquí estoy, mi amor!*". Mi hijo se volteaba, asustado al principio, pero luego aliviado. "*Solo quiero que sepas que vine a verte*", le decía desde mi escondite, y me respondía enviándome besos al aire.

Pasé mucho tiempo en ese ritual, aferrada a esos instantes como si fueran gotas de agua en un desierto emocional. Y aunque cada visita era un bálsamo momentáneo para mi alma, cada despedida me sumía nuevamente en ese abismo de tristeza y añoranza.

El tiempo siguió su curso imparable. Un día, me armé de valor y tomé el teléfono. Empecé a comunicarme con su esposa actual, quien se convirtió en una especie de cómplice silenciosa en mi vida, un ángel en medio de la tormenta. "*No entiendo por qué te ha hecho tanto daño*", decía. Yo tampoco lo entendía, pero estábamos unidas en ese misterio.

Así que empezó a "prestarme" a mi hijo en pequeñas dosis, regalándome momentos que contaba como segundos preciosos. Pero todo se derrumbó el día que él nos descubrió en un restaurante de comida china, celebrando el cumpleaños de mi niño. Aquella mujer enfrentó un infierno en su casa por haberme dado ese rato con mi hijo. Desde entonces, seguí escondiéndome en los carros para ver a mi niño.

Pasaron los años hasta que un día, al cumplir 18 años, mi hijo me llamó: "*Mamá, hoy tomo la decisión de irme a vivir contigo*". Nadie puede imaginar la emoción que sentí. "*Ahora sí, mamá, nadie me va a poder decir que no vaya a verle y que no me voy a vivir con usted. Venga a recogerme*", me dijo y salí corriendo por mi hijo. Desde ese día vivió conmigo. Pasamos por muchas cosas, incluso mudanzas a Estados Unidos, su carrera profesional, sus fines de semana conmigo. Y en todo ese tiempo, traté de llenarle de todo el amor que no pude darle antes.

Conversamos mucho sobre los años perdidos, esa ausencia que nadie podrá rellenar, pero encontramos consuelo en lo que construimos. Él creció y se convirtió en un hombre de carácter muy fuerte, como su padre, pero yo veo en él también mi resiliencia, mi amor. Nos hemos apoyado en diferentes momentos de nuestras vidas, incluso trabajando juntos en proyectos empresariales y en mis conferencias. Hemos viajado mucho, nos reímos, tomamos cursos juntos y hemos fortalecido esa relación de madre e hijo, pero lo que más importa es que somos una familia unida, él se lleva maravillosamente con mis otros cinco hijos.

¿Qué tuve que hacer para salir de todo ese dolor? ¿Qué recursos tuve que hacer primero?

Primero me lancé en **los brazos de Dios**. Con el corazón en la mano, le imploré: "*Dios mío, eres mi única salvación en este mar de dolor, guíame*".

Al buscar a Dios, una luz suave empezó a iluminar mi vida. Sí, cambió mi actitud. **Empecé a ver belleza donde antes solo había oscuridad.** Mi empatía, esa conexión humana tan fundamental, floreció como un árbol en primavera. Transformé mis acciones, una a una, con el amor divino como mi norte.

También necesitaba **ayuda mental**. Cada consulta con el psiquiatra era como reconstruir una pared de mi autoestima, esa autoestima que, desde pequeñita, forjé en la fragua de mi individualidad. Yo sabía, siempre lo supe, que era única, que era diferente.

Caí, es cierto, pero me levanté más fuerte. Recordé aquellos momentos de mi infancia, cuando miraba mi reflejo en un espejo roto y yo misma me decía que era bonita, que era fuerte. Ahí empezó mi reencuentro con lo que siempre fui en mi casita humilde.

Todo lo que viví de niña, cada risa y cada lágrima, se convirtió en una lección invaluable. Le di valor a mi ser, a mi esencia, y al regocijo de la simple existencia. En la suma de todas esas partes, encontré mi totalidad, encontré a 'Lupita'.

Así que **puse manos a la obra**: trabajé en mis resentimientos, mis corajes, mis odios. Decidí emprender nuevas cosas, alimentar mi espíritu con lecturas de superación personal y libros espirituales. Me rodeé de gente positiva y tomé decisiones audaces, sabiendo que era la única responsable de mi vida. Me convertí en **una mejor versión** de mí misma, una mejor hija y nieta, una mejor madre, una mejor hermana. Pero el cambio más profundo vino cuando comprendí que el valor más grande que tenemos es la vida misma.

Un día, en medio de esta introspección (algo de lo que te voy a hablar más adelante), me di cuenta del don precioso que es simplemente **estar viva**. En ese momento me arrodillé y le pedí perdón a Dios por haber intentado arrebatarme mi propia vida en el pasado. Agradecí por cada aliento, cada día, y por la oportunidad de ser una persona mejor. Y entendí que aunque algunas personas puedan intentar robarnos nuestros valores, nuestra dignidad y nuestra felicidad, nadie tiene el derecho de destruir nuestro regalo más grande: **la vida**. Y ese regalo, una vez que lo valoras en toda su plenitud, se convierte en el pilar que sostiene todo lo demás.

Desde entonces, he vivido en paz, con un renovado sentido de propósito y gratitud, fortalecida en mis valores y en mi amor propio. Y es este mismo propósito de vida renovado el que nos lleva también a crear cosas nuevas. En el siguiente capítulo te comento todo lo que puede hacer un corazón apasionado…

LA FUNDACIÓN

Una de las iniciativas que me llenan de orgullo es nuestra fundación, el *Centro de Crecimiento Integral de la Familia Actual* (CCIFA). Nuestra misión es sencilla, pero profunda: fomentar el desarrollo integral de las familias en nuestras comunidades, fortaleciendo sus valores.

En CCIFA no nos limitamos a ofrecer charlas o eventos aislados; llevamos a cabo actividades integrales que abarcan desde mediaciones de justicia, asesorías, despensas de comida y recursos varios para la comunidad. Hemos organizado clínicas móviles y brigadas médicas. Cada proyecto está diseñado para sumar a nuestra misión de desarrollo integral, especialmente enfocado en las familias hispanas de nuestra comunidad.

Uno de nuestros proyectos más ambiciosos consiste en una serie de diez sesiones, que abordan desde el cambio de comportamiento individual hasta la solución de problemas comunitarios. Estas pláticas están diseñadas para fomentar el diálogo, la resolución positiva de conflictos y proveer herramientas para fortalecer los valores familiares.

Daniel Webster, un gran orador y político estadounidense, dijo una vez que si se le privara de todos sus talentos y pudiera elegir solo uno, optaría por **el poder del habla**. Y la razón es clara: la comunicación es la base de todo. Es la clave para resolver problemas, desde los más triviales hasta los más complejos.

Un ejemplo muy sencillo lo encuentro en las parejas que vienen a mí buscando orientación. Algunas mujeres me dicen: "*Lupita, mi esposo nunca me regala flores*". Y yo siempre pregunto: "*¿Le has dicho que te gustan las flores?*". A veces, la solución a nuestros problemas puede ser tan sencilla como una comunicación efectiva.

Y es precisamente esta comunicación efectiva y abierta lo que buscamos instaurar en las familias a través de CCIFA. Nuestro objetivo no es solo proveer servicios, sino crear

un cambio duradero que permita a cada individuo, y por ende a cada familia, vivir de forma más plena y feliz.

Al final del día, mi pasión por transformar vidas y mi labor en CCIFA se entrelazan perfectamente. Cada mediación exitosa, cada asesoría que da como resultado en familia más fuerte, cada despensa de comida que alivia un poco el estrés diario, son la razón de mi existencia y la chispa que me impulsa a seguir adelante.

CÓMO FUE LA HISTORIA
DE LA FUNDACIÓN

Querida lectora, permíteme compartirte algo muy personal. Si sientes el llamado de hacer tú también una fundación sin fines de lucro, aquí te dejo mi historia como inspiración. Desde niña, en lo más profundo de mi ser, sabía que mi camino era servir. Y me prometí, con el corazón desbordado de esperanza, que cuando fuera grande, lucharía por los niños de la calle, las mujeres en situaciones de violencia, y las personas atrapadas en adicciones. Así, crecí abrazando ese sueño poderoso de fundar una organización que sanara y amara.

En una ocasión, reuní a un grupo de diez mujeres para compartirles mi proyecto. Tenía el sueño de crear una organización que pudiera atender las necesidades de nuestra comunidad: niños que viven en la calle, mujeres violentadas y adictos. A primera vista, todo parecía ir bien. Sin embargo, tras nuestra reunión, algunas de esas mujeres empezaron a ridiculizar mi idea. Decían que estaba loca, que no hablaba inglés y que no tenía recursos para llevar a cabo tal proyecto. Incluso intentaron robar mi idea y empezar su propia cosa, aunque sin éxito.

Pero había una mujer en ese grupo que sí creyó en mí. Me dijo, "*Lupita, no escuches a las demás. Yo creo en tu sueño y quiero colaborar en tu proyecto*". Así comenzamos a trabajar juntas. Empecé a involucrarme como voluntaria en 29 organizaciones sin fines de lucro. Participé en radio apoyando maratones para niños con cáncer y colaboré con varios hospitales.

Como ya era conocida en mi rol de voluntaria y organizadora de eventos, la gente empezó a verme como alguien capaz. Se dieron cuenta de que yo podía hacer que las cosas sucedieran. Así fue como nació la Fundación CCIFA. A través de mi voluntariado, fui ganando el cariño y el respeto de la comunidad, y eso me abrió muchas puertas.

Gracias a Dios, tuve la oportunidad de recibir entrenamientos en diversos campos, desde tráfico humano hasta lecciones impartidas por el FBI y la DEA.

Trabajé con organizaciones gubernamentales porque sabía que necesitaba prepararme para fundar mi propia entidad. Participé con instituciones importantes y fui entrenada por las más reconocidas.

Mi esposo, un chef internacional, cubría los gastos de la oficina. No obstante, cuando la economía nos afectó, tuve que encontrar otras maneras de apoyar nuestra causa. Conté con el respaldo de Univisión Radio y de su directora de comunidad, Mery López-Gallo, que siempre me apoyaron. Grabábamos programas sobre violencia doméstica, justicia y derechos humanos. También formé un consejo de voluntarios y una junta directiva.

Si no fuera por gente como Marisa Ugarte, fundadora de una organización sin fines de lucro, poco habría sido posible. Ella me puso en contacto con los mejores abogados quienes me ayudaron a redactar los estatutos de mi fundación.

En esta travesía, también trabajé con mercados y restaurantes que contribuían con alimentos para los necesitados. Toda esta generosidad me emociona hasta el día de hoy. Agradezco a mi hija Griselda, quien un día nos dijo que en lugar de comprar una casa, sería mejor invertir en la comunidad. Así nació CCIFA: *Centro de Crecimiento Integral de la Familia Actual* donde, además, diseñamos talleres y conferencias en escuelas sobre **autoestima, valores y resolución de conflictos.**

Fundar una organización sin fines de lucro no es sencillo; es un trabajo que sale del corazón. Mi motivación siempre ha sido el servicio, nunca el interés económico. Agradezco a todos los que han sido parte de esta jornada, desde fiscales hasta jueces y psicólogos, quienes me han guiado y continúan haciéndolo.

Tuve que pausar CCIFA cuando a mi esposo le diagnosticaron cáncer. Pero mi labor comunitaria no se detuvo. Seguí sirviendo a mi comunidad de la mejor manera que pude, porque el deseo de ayudar nunca se apaga.

LOS OBSTÁCULOS Y DESAIRES

Por supuesto, comprenderás que también tuve muchos obstáculos. Y quiero que sepas algo: cuando sientes esa pasión ardiente, ese amor y esa entrega total por lo que anhelas hacer, nadie, escúchame bien, nadie puede decirte que no eres capaz.

Un día, Univisión Radio me extendió una invitación a una cena navideña que iluminó mi mundo. ¡Imagínate! Tuve el privilegio de estar en una mesa reservada por Univisión donde estaban invitadas personas muy destacadas y reconocidas en la comunidad. Tuve el privilegio de ser una de las invitadas de honor por ser colaboradora de Univisión Radio. Me sentí como en una nube, elegida para este evento, bendecida con este privilegio. ¡Ah, cómo vibraba mi corazón de alegría en esa cena festiva! Pero, como suele pasar, la vida tiene sus giros.

Una persona en el evento me dijo que quería presentarme a alguien, una figura clave que tenía el poder de financiar fundaciones. Este sería el trampolín para mi sueño, pensé. Y así fue cómo esa misma noche conseguí una cita con él.

Unos días después, fui conducida a su oficina acompañada por un traductor —pues mi inglés no era mi fuerte—. Este individuo estaba rodeado por un equipo de tres secretarias, señal de su estatus y poder.

Con un torbellino de emociones, desplegué mis proyectos, mi visión, mi alma ante él. Este hombre podía convertir mi fundación en una realidad. Le dije: "*Quiero fundar una organización sin fines de lucro para servir a mi comunidad*".

De muy mala manera se dirigió hacia la persona que me acompañaba. Con un tono que rozaba el desdén, dijo: "*¿Cómo se atreve ella siquiera a pensar en fundar una organización? Consíguele mejor un trabajito de promotora. No sabe inglés, no tiene los títulos académicos; es una falta de respeto que venga aquí a decir que quiere hacer una fundación*".

Su menosprecio me atravesó el alma, no te lo voy a ocultar. Sentí cómo las lágrimas asomaban a mis ojos, pero volteé muy firme y le dije: "*A usted lo voy a ver en cinco años, y verá que habré creado mi fundación. Porque eso lo determino yo, no usted*". Recolecté mis proyectos con dignidad, le agradecí cortésmente por su tiempo, y me levanté de la silla, saliendo de esa oficina como quien sale de un campo de batalla.

No te miento, las lágrimas brotaron de mis ojos en un torrente incontenible. Mi amiga me regañó: "*No llores, eres una guerrera, eres fuerte, ¡tú puedes con esto!*", pero el dolor de ser descartada, de ser menospreciada, empujaba mis lágrimas. Sin embargo, **me rehusé a ser derrotada**. Continué trabajando, día y noche, en mi comunidad. Realizaba mediaciones, atendía eventos; escuchaba ese llamado constante: "*Lupita, te necesitamos*". Seguí y seguí, hasta que CCIFA obtuvo su estatus de organización sin fines de lucro, hasta que todos los permisos estuvieron en su lugar, hasta que mi sueño quedó respaldado por años de esfuerzo inquebrantable.

Entonces, un día, sucedió. Se organizó una competencia para honrar a las personas más destacadas en servicio comunitario. Y allí estaba yo, emergiendo no solo como una participante, sino como la número uno. El Canal 10 de televisión me otorgó un reconocimiento, la presea "Orgullo Hispano".

Canal 10 me entregó la condecoración de "Orgullo Hispano" en el salón comunitario que, gracias a la incansable María Elena Coronado, se había convertido en el corazón de mi fundación CCIFA. Ella, junto a innumerables ángeles en mi vida, como Mery López-Gallo de Univisión Radio, fueron las columnas que sostuvieron mi sueño. Definitivamente, no podría haberlo hecho sin ellas, y es mi deseo que sus nombres brillen en estas páginas.

Ese día recibí este galardón junto con mi familia y todos los voluntarios. Se trata de una distinción no solo a mi labor, sino al esfuerzo colectivo de todos los que creyeron en mí.

Después, como a los dos meses, me invitaron a un segundo evento de Televisa-Univisión Radio, para reconocer mi galardón de "Orgullo Hispano" ante otras fundaciones. Y ahí estaba: en el estrado, agradeciendo al público, con una pantalla detrás de mí, mostrando los logros y el impacto de CCIFA en la comunidad… cuando veo una figura conocida cruzando el umbral del salón. Era él, el hombre que años atrás me había despreciado y menospreciado.

La emoción me inundó. Agarré el micrófono con más fuerza y dije enfrente de todos: "*También quiero agradecer a esta persona*", y pronuncié su nombre, "*por no haber creído en mí. Usted, con su incredulidad, me impulsó a llegar hasta aquí. Mire bien, aquí estoy, reconocida como 'Orgullo Hispano', no por mérito propio sino por el impacto real de mi fundación*".

Le recordé nuestras palabras: "*Yo le dije a usted que yo lo veía en cinco años… pero no pasaron cinco, ¡pasaron dos años, nada más! Hace dos años que usted me humilló, me pisoteó, se rio, me menospreció, me dijo que yo no podía. Pues yo le quiero decir aquí con mi frente muy en alto que aquí está Lupita Castellón con una fundación* non profit, *gracias a mucha gente que sí creyó en mí y que sí me apoyó*". Y me bajé del escenario.

Al final del evento él se acercó y me dijo: "*Lupita, quiero pedirte que me disculpes, me equivoqué y quiero ayudarte económicamente con tu fundación*". Su tono era humilde y en verdad se veía apenado, pero mi respuesta fue firme: "*Muchas gracias por su atención, pero gracias a Dios ya tengo mucha gente apoyándome*". No importa la manera como me trató, lo que importa es que eso me sirvió para alcanzar mis sueños y le agradezco su actitud porque eso fue lo que me impulsó.

Lectora, si tienes el deseo de crear una fundación,

déjame decirte que es un camino lleno de obstáculos, pero también de inmensas recompensas. No es una tarea fácil; se requiere mucho **esfuerzo, pasión y amor por la causa.** Sí, hay gente que quiere ser voluntaria, pero no todos tienen la posibilidad. Sin embargo, en mi caso, con CCIFA, me enfoqué en mi sueño, y gracias a muchas personas, pudimos ofrecer servicios comunitarios, apoyos y programas que impactaron la vida de miles.

Con CCIFA trabajé en numerosos frentes, desde traer brigadas médicas a Tijuana hasta atender problemas como el tráfico humano. Y siempre he estado ahí, al pie del cañón, acompañada no solo por mi familia, sino por un equipo de voluntarios y profesionales invaluables. Nombres como los doctores Silvana y Arturo Rohana, Jessie Navarro, Blanca Nieto, y muchos más, merecen ser resaltados, pues su apoyo ha sido fundamental para el éxito de la fundación.

También, he contado con el respaldo de abogados, psicólogos y otros profesionales que ofrecieron sus servicios de manera voluntaria. Y no puedo dejar de mencionar a esos grandes seres humanos fieles, siempre dispuestos a darlo todo por la causa. Por eso, en mi libro quisiera dedicar páginas enteras para agradecer a quienes hicieron posible que CCIFA sea lo que es hoy.

Crear una organización sin fines de lucro es un desafío que requiere valentía, compromiso y mucho amor. Este último es el combustible que te impulsará a seguir adelante, pase lo que pase. En CCIFA, todo se basó en investigaciones y diagnósticos que yo realizaba directamente en la comunidad. Por eso conocíamos a fondo sus necesidades y podíamos actuar en consecuencia.

Si tú, querida lectora, tienes también la aspiración de crear una fundación (en los Estados Unidos), puedo ofrecerte mi experiencia y asesoría. No te rindas, no dejes que las críticas o los obstáculos te detengan. Recuerda, el éxito es la realización progresiva de un sueño. Así que si tienes un sueño, persíguelo. Yo seguiré enamorada de mi fundación y serviré hasta el último día de mi vida porque, como siempre he dicho: *"El que no vive para servir, no sirve para vivir"*.

LA BASE DE LA FAMILIA

Mira, hay una gran diferencia entre tener una "casa" y tener un "hogar".

Yo siempre les digo a las familias con las que trabajo: "*¿Qué es más importante, los ladrillos y el cemento de una casa o el calor, el amor y la unidad que se vive dentro?*". ¡Claro que es lo de adentro! ¡El hogar! Pero ¿qué pasa? Hay quienes compran unas mansiones, tremendos palacios, y para pagar eso, ¿sabes lo que hacen? Agarran hasta dos o tres trabajos tanto el papá como la mamá. Pero, ¡oh, sorpresa!, en ese afán de pagar la casa, olvidan el HOGAR.

Los primeros meses todo está muy bien: disfrutan de la alberca, de la sala, de los cuartos. Pero, ¡ay Dios!, tres meses después ya no tienen para el abono de la casa. Y ahí empieza el caos.

Los padres trabajando como mulas, los hijos en la guardería de seis de la mañana a seis de la tarde. ¿Y qué queda para la familia? ¿Para la pareja? Llegan a casa cansados, agobiados. Se sirven la cena, casi no se hablan y a dormir.

¡Eso no es vida!

Y en ese cansancio, en ese agobio, empiezan los problemas. Las peleas se vuelven más frecuentes, y lo que sigue es el divorcio. ¿Y los niños? ¿Qué pasa con ellos? Se convierten en visitas en otras casas donde sienten que les prestan más atención, donde sienten que los valoran más.

¿Te das cuenta? Perdemos el rumbo, perdemos el sentido de lo que es realmente importante: **el hogar.**

Entonces, ¿dónde nos perdimos? Nos perdemos en los problemas del divorcio, en las peleas por la custodia, en la pensión alimenticia. Nos perdemos en las preocupaciones materiales y olvidamos lo más importante: **la familia, el amor, la unidad.** ¿Por qué tenemos que trabajar para el hogar y no para la casa? La casa es material, sí. Pero el hogar, ese es **el corazón**, y eso es lo que realmente importa.

Esto es el corazón de este libro, las bases firmes de lo que significa tener un hogar. Y yo te lo digo porque lo he vivido, con cada fibra de mi ser, con cada lágrima y con cada sonrisa. Mi esposo y yo tuvimos casa, sí, pero más importante, construimos un hogar.

Imagina esto: todos los días, sin falta, nos sentábamos a la mesa para comer en familia. Mi esposo, que es un chef maravilloso, preparaba platillos que eran mucho más que comida; eran amor en forma de sabores y aromas. Nuestros hijos se sentaban con nosotros, y era como si el tiempo se detuviera.

Después de comer, él ayudaba con las tareas escolares mientras yo me lanzaba a mis labores de voluntariado. Más tarde, él se iba a entrenar fútbol con los niños, a ser no solo un entrenador, sino un guía para sus vidas.

Pero quiero que sepas algo más: no solo cuidábamos de nuestros hijos biológicos, adoptábamos a jóvenes que habían sido víctimas de violencia doméstica, de abandono, que se sentían perdidos y solos en este mundo tan grande y tan frío.

Los traíamos a nuestro hogar, y se convertían en parte de nuestra familia extendida.

Nos convertimos en padres adoptivos, o en *'Foster Parents'* como se dice en inglés, y te puedo decir que fuimos reconocidos como el número uno en este ámbito. ¿Por qué te cuento esto? Porque sé de lo que hablo cuando te digo que un hogar es más que cuatro paredes.

Entonces, aquí está el meollo del asunto, la esencia de este libro: la importancia de reconocer el valor incalculable de un hogar, de ser conscientes de la belleza y el poder transformador de dar y recibir amor incondicional dentro de esas cuatro paredes que tú llamas 'casa'.

Mientras nos adentramos en el contenido de este libro, quiero que sientas en tu ser la resonancia de cada palabra, porque lo que viene a continuación es el fruto de mis años de aprendizaje, observación y profunda reflexión.

Los siete secretos que estoy a punto de compartir contigo no son simples consejos; son herramientas transformadoras que han iluminado y guiado a muchos hacia una vida de autenticidad y realización. Te invito a que te sumerjas en ellos con mente abierta y corazón dispuesto.

Prepárate, querida lectora, para descubrir estos secretos que te llevarán a niveles de vida y comprensión que quizás jamás imaginaste posibles.

Ahora, respiremos juntos y vayamos al primer secreto...

CAPÍTULO 6

SECRETO 1: LA AUTOESTIMA

Una de las experiencias que destaco en mi labor de psicoterapeuta y mentora, es el caso de Evelia. La conocí durante una de mis pláticas sobre ventas y mediación de justicia; una presentación a la que asistieron alrededor de 60 personas. Al finalizar la charla, Evelia se me acercó y me pidió una sesión de psicoterapia, inicialmente para su hijo. Sin embargo, cuando visité su hogar, descubrí que era ella quien en realidad buscaba la terapia y la mentoría.

Imagina una mujer inmersa en las redes de mercadeo, con un potencial que irradiaba, pero que estaba siendo opacado por su timidez y una autoestima frágil. Eso es lo que estaba pasando con Evelia. Al abrir su corazón, me confesó: *"Necesito mucha ayuda"*. Su sinceridad me conmovió y supe que juntas podríamos lograr maravillas.

Lo primero que hice fue un diagnóstico basado en una serie de entrevistas y pruebas. En mi cuaderno establecí un objetivo claro: *"Lograr que Evelia sea profesional en redes de mercadeo y se transforme como una ejecutiva profesional, con grandes resultados en su trabajo y desarrollo humano"*. La ruta trazada comprendía treinta sesiones semanales en las que profundizaríamos en aspectos fundamentales para su crecimiento.

Empezamos a trabajar en su autoestima. Le enseñé cómo la autoestima se nutre de cuatro componentes fundamentales: mente, cuerpo, emoción y conducta. Le expliqué que, al mejorar estos aspectos, no solo vería un cambio en su bienestar personal, sino que también se sentiría empoderada para abordar su negocio de una manera más efectiva y productiva.

Lo que más disfruté al trabajar con Evelia fue su compromiso con su propio desarrollo. Era una persona increíblemente organizada y metódica, lo cual era evidente en cómo anotaba cada detalle de lo que discutíamos.

Fijamos un proyecto de vida, establecimos metas a corto, mediano y largo plazo. Comenzó a abrirse más sobre las áreas específicas en las que deseaba mejorar. Quería saber cómo abrir nuevos mercados, cómo reclutar efectivamente, cómo mejorar sus técnicas de venta, y cómo manejar conflictos entre líderes en su equipo. Tomaba notas de todo lo que le decía y podía ver el progreso en su desempeño semana tras semana, desde cómo se expresaba hasta cómo enfrentaba sus miedos. Se notaba que tenía un genuino deseo de aprender y mejorar, lo cual para mí es la clave del éxito en cualquier programa de mentoría o terapia.

Entonces, llegó el día en que supe que Evelia estaba lista para dar el siguiente paso. *"Ya estás preparada"*, le dije, y ella aceptó el desafío de organizar su propio evento. Fue un momento impresionante verla en el escenario, hablando con seguridad y pasión. Me llenó de orgullo ver cuánto había avanzado.

Con micrófono en mano y una sala llena de personas, Evelia tomó el escenario y dejó a todos asombrados. Nadie podía creer que la mujer que siempre se escondía en las sombras ahora brillara con luz propia en el escenario.

Al final de su charla, que fue todo un éxito, Evelia me brindó uno de los regalos más hermosos de mi carrera. Mi corazón se llenó de gratitud y emoción al escucharla decir: *"Detrás de mi transformación, está Lupita Castellón"*. Esos momentos son los que reafirman porqué amo lo que hago.

Hoy, me complace decir que Evelia no solo ha consolidado su posición en las redes de mercadeo y encontrado éxito en otros emprendimientos, sino que también se encuentra en una relación amorosa sólida y plena. Se ve más feliz y más segura de sí misma que nunca. Cada vez que veo sus logros, siento un cálido orgullo y recuerdo nuestras sesiones, su evolución y la determinación con la que enfrentó cada reto.

Un día, vi algunas fotos de uno de sus eventos en las redes sociales y le envié un mensaje: *"Estoy tan orgullosa de ti, y me hace feliz ver cómo has evolucionado"*. Ella respondió que yo había sido crucial en su transformación, especialmente en el fortalecimiento de su autoestima.

La autoestima, como siempre insisto, se compone de varios factores: mente, cuerpo, emoción y conducta. Cuando uno logra equilibrar estos cuatro elementos, los resultados pueden ser extraordinarios. En mi vida, he tenido el privilegio de guiar a muchas personas hacia su mejor versión, pero historias como la de Evelia me recuerdan la magia de la transformación a través de la autoestima.

Así como con Evelia, y muchas otras mujeres increíbles con las que he trabajado, reafirmo mi misión de cambiar vidas, de ser ese faro de luz en el camino de quienes buscan redescubrirse y alcanzar sus sueños. La pasión por lo que hago se alimenta de estos momentos, y no hay recompensa mayor que ver el florecer de una vida transformada.

PARTE ESENCIAL
DEL SER HUMANO

La autoestima es una parte esencial del ser humano. Sin una autoestima fuerte, es fácil caer en depresión y en una serie de problemas emocionales. Por el contrario, una autoestima bien reforzada te ayuda a reconocer tu propio valor y a proyectarlo al mundo.

¿Por qué es tan poderoso tener una autoestima elevada? **Porque te impulsa a crear nuevas oportunidades.** Evelia es un perfecto ejemplo: se ha convertido en una mujer emprendedora y ha logrado una estabilidad en su vida. Subir la autoestima afecta positivamente todo lo que te rodea. Se manifiesta en tu mente, cuerpo, emociones y conducta. Cuando tienes ese amor propio, valoras lo que eres y lo que puedes ofrecer al mundo.

Pero al final del día, mi trabajo no es solo hablar de valores y autoestima; es ser un catalizador para que las personas descubran y activen su propio potencial. Todo esto me reafirma en mi misión y en el valor de lo que hago. Contribuir, aunque sea un poco, a que alguien alcance su máximo potencial, es un privilegio que no tiene precio.

Esa es la esencia de lo que intentamos lograr en CCIFA: un desarrollo integral para empoderar a las familias y a los individuos **para vivir de la manera más plena posible.**

Hoy, me enorgullece haber podido ayudar a tantas mujeres emprendedoras y madres solteras a encontrar la fuerza para estar con su familia y sus nietos. Esa es la esencia de mi vida: ayudar a las personas a **elevar su autoestima,** para que puedan, a su vez, inspirar a otros. No importa lo que hayas vivido; lo que realmente importa es que estás bien y que puedes mejorar.

CÓMO ELEVAR TU AUTOESTIMA EN UNA CRISIS EMOCIONAL

Lo primero que te recomendaría es **buscar espiritualidad**, ya sea a través de una conexión con Dios o cualquier fuente de inspiración que resuene contigo. Mantén una **actitud positiva** y practica **la empatía**. Si sientes que necesitas más apoyo, no dudes en buscar **ayuda profesional**, como un psicólogo, un psiquiatra o un psicoterapeuta.

Retroalimentarte a ti misma es crucial; **valora** lo que tienes y lo que eres. **Agradece** por tu familia, tus amigos y por todas las pequeñas cosas que hacen que la vida valga la pena. Reconoce que cada situación difícil es una **oportunidad para crecer y aprender**. No guardes rencor; aprende a **perdonar** y a no prejuzgar a los demás.

Si te encuentras con la autoestima baja, recuerda que no estás sola. **Busca el apoyo de otros** que puedan ayudarte a redescubrir tu valor. **Trabaja en ti misma**, deshazte de los sentimientos de ira y resentimiento, y abraza el cambio. Experimenta con **nuevas actividades o hábitos**; si cambias tu forma de actuar, tus resultados también cambiarán.

Lee libros que te desafíen y te hagan **crecer**. Asume la **responsabilidad** de tus acciones pasadas; si has permitido que otros te maltraten o si has tomado malas decisiones, comprende que puedes cambiar.

Pon **pasión y compromiso** en todo lo que haces. Eso es lo que hice, y me ha ayudado a ser mejor en cada aspecto de mi vida. Aprende a **valorarte y respetarte**. No olvides que **la vida** es el primer regalo que hemos recibido, y debemos aprovecharla **al máximo**.

Cuando tienes alta autoestima, te sientes segura y tomas decisiones firmes. Si tu autoestima es baja, te sentirás insegura, temerosa o incluso agresiva. Por eso, si estás pasando por una crisis emocional o psicológica, te digo: puedes superarla. **Si yo pude hacerlo, tú también puedes.**

Ahora, a mis sesenta y cinco años, puedo decir que

tengo una autoestima extremadamente alta. Y quiero que sepas que tú también puedes lograrlo. La mente no tiene sentido analítico; no sabe lo que es malo ni lo que es bueno, por eso hay que ponerle cosas buenas. Lo que pongas en tu mente es lo que atraerás. Así que al trabajar en tu autoestima, podrás transformar tu vida en lo que desees que sea.

Pero una autoestima sin el ingrediente del siguiente capítulo, no podrá traerte los resultados que estás buscando. Presta atención al siguiente secreto...

SECRETO 2: LA COMUNICACIÓN

¿Por qué es tan importante la comunicación? Tal como lo dijo Daniel Webster, *"El poder del habla es quizás el más grande de todos los talentos, pues a través de la comunicación recuperamos todos los demás"*. Y te contaré por qué esto es tan cierto a través de una historia real que llegó a mi oficina.

Una joven señora vino a verme, pues me conocía como mediadora en resolución de conflictos. Llena de emoción y con lágrimas en sus ojos, empezó a contarme sobre su matrimonio. Era una relación joven, pero tensa debido a la prioridad que su esposo daba a su madre sobre ella. *"Lupita, ya no puedo más. Mi esposo se va directamente a la casa de su mamá después del trabajo, yo cocino y él ni siquiera llega a cenar. Le compró una lavadora a su madre mientras yo tengo que ir a la lavandería. Lo último fue que le compró un auto nuevo del año a su mamá, y yo sigo caminando"*, me dijo con un semblante de pura frustración y tristeza.

Le pregunté entonces, *"¿Y tú se lo has comunicado?"*, y su respuesta fue, *"¿Qué le comunico? Estoy enojada, todos los días discutimos por lo mismo. Siempre su mamá es más importante"*. Era evidente que estaba muy molesta, y justificadamente.

Entonces le dije, *"No te preocupes, vamos a trabajar en esto. La comunicación efectiva es la clave para resolver casi cualquier conflicto en la vida, y parece que eso es lo que ha estado faltando en tu matrimonio. Primero, necesitamos entender qué está pasando en la mente de tu esposo y por qué se está comportando de esta manera. Luego, debemos encontrar una forma de comunicar tus sentimientos y necesidades de manera que él pueda entender y atender"*.

Aquí hice una pausa, mirándola a los ojos para asegurarme de que ella entendía la importancia de lo que estábamos a punto de emprender. *"La comunicación no es solo hablar, sino también escuchar y comprender. Vamos a practicar esto y te ayudaré a construir una estrategia para abrir el canal de comunicación entre tú y tu esposo. No te prometo un milagro, pero si ambos están dispuestos a comunicarse y a hacer algunos cambios, hay una gran posibilidad de que puedan resolver estos problemas y encontrar un equilibrio en su relación".*

Entonces le dije, *"A veces uno tiene que hacer cambios, ¿verdad? A veces uno tiene que aprender a dialogar con su pareja. Quizás lo que les falta es un poco de comunicación efectiva".* Ella me respondió, *"Pues ya estoy harta".* Le propuse entonces, *"Okay, trabajemos contigo primero, pero prométeme que invitarás a tu esposo para que podamos hablar con él también. En la mediación en resolución de conflictos, lo ideal es hablar primero con cada parte por separado y luego reunirlos para encontrar un acuerdo positivo".*

Ella accedió, aunque no muy convencida. *"Está bien, pero lo dudo, porque yo ya quiero divorciarme",* me dijo. Le respondí, *"Si aún lo amas, ¿por qué no intentamos hacer pequeños cambios que puedan tener un gran impacto?".* Le pregunté directamente si todavía amaba a su esposo y me respondió que sí. Después de entender un poco más sobre su situación y sobre el trabajo de su esposo como soldador, le planteé una estrategia.

"Escucha, si aún lo quieres, ¿qué te parece si hacemos pequeños cambios? Mañana en la mañana, cuando le prepares su lonche, coloca una pequeña nota que diciendo: 'Te quiero mucho'. No digas nada, simplemente pon la nota en su lonche como si fuera otro día más. Además, compra un adorno con un pensamiento bonito y colócalo en un lugar donde él pueda verlo cuando llegue a casa. Sal de la casa para que no estés ahí cuando él llegue y vea la nota y el adorno".

Ella estuvo dispuesta a intentarlo. Al día siguiente, su esposo llegó a casa, vio el adorno y más tarde le agradeció. *"Gracias, me hiciste sentir muy bien. Sentí que me querías"*, le dijo.

Entonces, le pregunté a ella, *"¿Cuántas veces reconoces el trabajo duro de tu esposo? ¿Cuántas veces le haces sentir que es amado? Estás compitiendo con su madre, pero no deberías, porque tu lugar en su vida es único e insustituible. Eres su esposa, la madre de su familia, y representas el hogar. Si actúas con coraje todo el tiempo, no vas a lograr nada más que distanciamiento. Trata de tratarlo bien, haz pequeños cambios y verás cómo la dinámica entre ustedes comienza a cambiar".*

Estos pequeños gestos pueden abrir las puertas para una comunicación más efectiva y amorosa, lo cual es esencial para resolver conflictos y encontrar la armonía en cualquier relación. La clave está en la disposición para cambiar, para comunicarse y para entender al otro.

HABLANDO
CON LA CONTRAPARTE

Entonces, llegó el día en que él vino a hablar conmigo. Era una pareja relativamente joven. Le pregunté, "*¿Todavía amas a tu esposa?*", y me respondió, "*Sí, pero ella es una rebelde. No entiende que mi mamá es primero para mí*". Traté de hacerle entender que, aunque su mamá era importante, la comunicación con su esposa y sus hijos era crucial para mantener un matrimonio sano.

Le dije, "*Si estás dispuesto a divorciarte, adelante, pero si aún la quieres, lucha por tu matrimonio. Invítala a tomar un café y háblale sinceramente, pero en un tono que facilite la comunicación, no la confrontación*".

Siguió mi consejo, y en esa conversación con su esposa, ambos pudieron abrirse sinceramente. Él explicó que se sentía ignorado por ella, mientras que ella argumentó que se sentía desplazada por la madre de él. Ambos estaban en un punto de ruptura, pero después de esa conversación sincera, comenzaron a comprenderse mejor.

Finalmente, cuando llegó el día de firmar los papeles del divorcio, vinieron a verme otra vez. Los reuní, y les hice mirarse a los ojos. Les pregunté: "*¿por qué te enamoraste de ella?*", y "*¿por qué te enamoraste de él?*". Ambos comenzaron a llorar y se abrazaron. Decidieron no firmar los papeles del divorcio y me pidieron más orientación.

Les dije, "*Excelente, pero ahora necesitan ayuda profesional. Ve a un psicoterapeuta, lee libros sobre relaciones matrimoniales, habla con tu mamá y explícale la situación. Aprovecha otros recursos como retiros de parejas o incluso el apoyo de una comunidad religiosa, si eso resuena con ustedes*".

Siguiendo estos consejos, la pareja tomó medidas para mejorar su matrimonio. Fueron de vacaciones, invirtieron tiempo en reconectar, y comenzaron a valorar y agradecerse mutuamente. Él le compró un carro nuevo y electrodomésticos para la casa. Todo empezó a cambiar para mejor, todo por una razón: **la comunicación efectiva**.

La comunicación es **la base** de toda relación exitosa. Si no puedes decirle a tu pareja lo que te hace feliz y lo que te duele, nunca lograrás una comprensión mutua completa. Es solo a través de una comunicación abierta y honesta que podemos realmente entender y ser entendidos. Y esa fue la lección más grande que ambos aprendieron: para amar y ser amado, primero debes entender y ser entendido.

Si tú, querida lectora, crees que necesitas mejorar esta área en tu matrimonio, te recuerdo que puedes acceder GRATUITAMENTE a mi entrenamiento:

**"3 Secretos para dominar
la comunicación en pareja".**

En él, descubrirás más herramientas valiosas que complementarán este aprendizaje y fortalecerán las habilidades de comunicación con tu pareja. No dejes pasar esta oportunidad.

Obtén este obsequio ahora en:

www.LupitaCastellon.com/regalo

CAPÍTULO 8

SECRETO 3: VALORES

Los valores son cualidades por las que un individuo es estimado y aceptado, son la brújula que dirige el barco de nuestra vida. La integridad, la paciencia, la humildad, cualquiera que sea la pregunta, el amor es la respuesta y la humildad es la esencia de la grandeza. Pero no olvidemos el respeto, la fidelidad, la determinación, y tantos más que son las piedras angulares de una vida significativa.

Pero como todo tiene su opuesto, existen también los antivalores. ¿Te has preguntado alguna vez por qué a veces nos alejamos de los buenos valores? Quizás porque hay sombras en nuestras vidas, como el odio, la impaciencia y, sí, la apatía. Conozco esa apatía, la he sentido en carne propia. Tony, mi padre, un hombre excelente en tantos aspectos, me mostraba apatía, me negaba amor y entendimiento. La indiferencia, amigos, es un antivalor que erosiona el alma.

Es crucial tener claridad sobre nuestros valores y antivalores para cambiar el rumbo de nuestras vidas. Hazte esta pregunta: *¿Respeto mi propio ser?* Si la respuesta es 'no', ahí hay un antivalor. Pero si la respuesta es 'sí', entonces, estás fortaleciendo tus valores. No somos perfectos, mentimos, fallamos, pero en esos momentos críticos, nuestros valores deben ser el faro que nos guíe.

¿Sabes? Hubo un momento en mi vida en el que me cuestioné profundamente: *"¿Cómo puedo fortalecerme como ser humano?"*. Y descubrí que la respuesta residía en hacer lo que ahora llamo *"retrospección interna"*. Imagínalo como sentarte a tomar un café contigo misma, frente a un espejo, mirándote directo a los ojos y sin espacio para falsedades. Es reconocer quién soy, aceptar cómo soy, identificar esos rincones que requieren más luz y, claro, abrazar mis valores y confrontar esos antivalores. Esta jornada interior es lo que me fortaleció como ser humano.

Al hacer esto entendí que, cuando busco y encuentro cualidades dentro de mí, como el respeto, el amor, la coherencia, la puntualidad, la solidaridad, la empatía, el compromiso, el liderazgo, etc., me doy cuenta de que soy **una persona con valores**. Muchos valores significativos ya los traemos dentro y no nos damos cuenta. Son los que nos fueron inculcados en nuestro hogar (y no en nuestra casa).

Te invito a calificarte en una escala del uno al diez en tus valores y antivalores. ¿Estás en cinco en paciencia? ¿Siete en empatía? Trabaja en esas áreas. Una sincera autoevaluación como esta me cambió la vida. Es una de las herramientas que utilicé para convertirme en una *mujer de fortaleza*.

Entender y abrazar tus valores es como tener una luz interna que guía cada paso que das. Pero igual de esencial es identificar esos antivalores que pueden desviarnos del camino: la falta de respeto, la falta de amor, la incoherencia, la impuntualidad, el egoísmo, la apatía, la falta de compromiso, la falta de liderazgo. Estos antivalores son lo opuesto a los valores que te estoy exponiendo. Por ello, te invito a ese diálogo silente, pero profundo contigo misma, esa *"retrospección interna"* que es como una travesía hacia tu interior, donde te reencuentras, te valoras y enciendes ese amor propio que ilumina y fortalece cada decisión en tu vida.

Esta autoevaluación es, en esencia, ese diálogo íntimo y constante donde nos preguntamos: *"¿Quién soy yo en realidad?"*. Al conocerme y entenderme, es donde distingo claramente mis valores y antivalores. A partir de ese entendimiento, florezco y me fortalezco como individuo. El viaje comienza siendo consciente del "ser", evoluciona hacia el "hacer", y culmina en el "tener". Observa cómo, muchas veces, ansiamos fervientemente el "tener", relegando el "ser" y "hacer" a un segundo plano. Pero recuerda, son esos valores, esas semillas sembradas desde el hogar, las que guían y nutren este proceso.

Un buen líder, por ejemplo, se reconoce por cómo **encarna y practica** sus valores. Las características de un buen líder son: conciencia, estrategia, solidaridad, creatividad, toma de decisiones y carácter. Un buen líder dice *"somos"*, *"vamos"*, *"tenemos"*, porque valora y reconoce el esfuerzo del equipo.

Un líder, verdaderamente impregnado de valores, sabe cuándo ha cometido un error y tiene el valor civil de admitirlo. Porque tiene el coraje de decir: *"yo fui, yo soy, yo me equivoqué"*. Reconoce ser responsable de sus propias decisiones y actos.

Si estás pasando por un tormento emocional, refuerza tus valores. Yo leí libros que alimentaron mi alma, busqué ayuda profesional y me sumergí en mi comunidad. Sí, mi comunidad, donde también enfrenté desafíos. Como presidenta de varias organizaciones comunitarias, hubo quien sintió envidia de mis logros. Incluso en una conferencia de prensa, esa envidia se hizo evidente frente a todos, pero yo, fortalecida en mis valores, resistí. Yo tenía una misión, un sueño: mi fundación. Y nada podría detenerme.

Querida lectora, la vida está llena de pruebas, pero si trabajamos en reforzar nuestros valores y desmantelar nuestros antivalores, el camino se hace más claro. Esa es la esencia de mi liderazgo y mi legado. Trabaja en tus **valores y antivalores,** y verás cómo tu vida se transforma en **una obra maestra** de resiliencia y amor.

Ahora que has fortalecido tus cimientos con valores que resuenan en cada paso que das, estás lista para abrir tu corazón a la llave que no solo transforma vidas, sino que las une en entendimiento mutuo. Te invito a avanzar hacia el siguiente capítulo, donde desvelaremos ese secreto sutil, pero poderoso que yace en la comprensión profunda de los que te rodean. Prepárate para explorar la fuerza que tiende puentes sobre abismos. Dale vuelta a la página. Permíteme mostrarte cómo ver el mundo a través de otros ojos puede ser el acto más revelador y sanador de todos.

SECRETO 4: EMPATÍA

Si no tuviéramos amor, gratitud, gracia y lealtad, ¿qué seríamos?, ¿acaso una cáscara vacía? En este secreto, quiero revelarte algo muy íntimo. Soy una mujer que irradia amor; es un fuego que arde dentro de mí, inagotable, inquebrantable. Y es precisamente por ese amor que he sido criticada, ridiculizada y hasta lastimada.

Cuando anuncié mi intención de fundar CCIFA, una organización para ayudar a los necesitados, muchas personas se burlaron de mí. "*¿Una fundación, Lupita? ¿Tú?*", decían, entre risas y murmullos. Pero yo ya tenía esa pasión, ese amor por la humanidad que no podía ser extinguido por sus críticas. Ah, sí, como cualquier otro ser humano, tengo mis defectos, pero también poseo virtudes invaluables. Conozco mi valor; sé quién es Lupita Castellón. Y ese autoconocimiento me da un poder inmenso.

Por eso, querida lectora, no me afectan las palabras hirientes ni las miradas de menosprecio. Porque cuando tú sabes quién eres, cuando tienes claro lo que puedes hacer, eres invencible. Ahí está la importancia de la autoestima, que he promovido tanto en mis conferencias y en mi vida diaria. La autoestima te brinda esa armadura, esa fortaleza para enfrentar el mundo, y eres tú quien debe forjarla.

Déjame contarte una anécdota que me marcó profundamente. Estaba trabajando en la oficina de Rafael Rojas, un mentor muy reconocido que ha tenido un impacto significativo en mi vida. Un día, mientras estábamos sentados uno frente al otro, él me dijo: *"Lupita, la gente podrá robarte ideas, estrategias, incluso oportunidades. Pero hay algo que nunca podrán robarte: tu esencia, tu carácter, tu conocimiento. Eso es inquebrantable"*.

Y así es. Mi autoestima no está al 100%, está al 500%. Porque desde niña me dedicaba a buscar frases inspiradoras en los periódicos, mensajes que alimentaran mi espíritu. A pesar de sentirme a veces 'fea por fuera', siempre supe que lo que realmente importa es lo 'bonita por dentro' que una es. Esa es mi esencia, lo que nadie me puede robar. Es el núcleo de Lupita Castellón, y es lo que me lleva adelante en esta travesía llamada vida.

Es verdad, siempre he sido una mujer apasionada. A pesar de mis circunstancias difíciles, de haberme criado huérfana y en las calles, he llegado a ocupar posiciones altas en empresas gracias a mi autoestima, a mi amor por servir, y a mi liderazgo. La gente a menudo no cree que alguien como yo, con un pasado tan complicado, pueda tener tanto amor en su corazón. Creo que la incredulidad es el escudo detrás del cual se ocultan aquellos que temen aceptar la bondad en el mundo.

Por supuesto, también he enfrentado obstáculos en mi trayecto, como el sabotaje y el robo de ideas en la Organización CCIFA. Ahí entra el valor de lo que aprendí de Robert Hollis, otro mentor formidable. *"La documentación mata la conversación"*, me decía. Desde entonces, empecé a documentar todo: contratos, propuestas, reconocimientos. Porque cuando tienes las pruebas, tu palabra gana peso.

¿Y qué me dices de mi amor por la palabra hablada? Si hubiera sido locutora, estoy segura de que habría arrasado en el primer lugar. Pero lo más hermoso es que encuentro en el lenguaje una herramienta para esparcir amor y positividad. **El amor** es la universidad más grande que existe; te enseña a comprender, a ser creativo, a tener empatía.

Ahora, hablando de empatía y de superar obstáculos, te quiero contar algo sobre mi intento de ser maestra. Estaba inscrita en *Western College*, y uno de los requisitos para ser maestra era pasar clases sobre violencia doméstica y demás temas, todos impartidos en inglés. Fue duro. Me sentía abrumada al punto de llorar y querer renunciar. Pero mi esposo siempre me apoyó, me decía: "*Tú puedes, échale ganas*".

En uno de esos momentos de desesperación, me acerqué a mi maestra, Miss William, una mujer ya mayor, pero de carácter fuerte, para decirle que pensaba retirarme porque el inglés se me hacía un obstáculo insuperable. Ella me miró y me dijo: "*Tú te sientas ahí y me escuchas*". Entonces me acuerdo tan bien que se dirigió a la clase y dijo: "*Pongan atención porque les voy a contar una historia*".

Miss William me dejó completamente atónita. Aquí estaba esta mujer, quien no solo había sobrevivido a las adversidades extremas, sino que también había logrado algo fenomenal. Y entonces comenzó a hablar...

"Había una vez una persona que se vino de un pueblo de México, donde pasó hambre, frío, sufrió de todo para llegar a Estados Unidos en busca de algo mejor. Pero la cosa estuvo dura, ¿sabes? No sabía inglés, ni tenía estudios, ni papeles. Empezó trabajando como niñera, pero tuvo la mala suerte de toparse con patrones que la trataban muy mal. Uno de ellos hasta la quiso abusar. Por el miedo que le daba, se encerraba en el baño y dormía en la tina durante la noche.

Aguantó lo inimaginable. Estos patrones ni siquiera la dejaban comer. Tenía que buscar comida en los botes de basura de los vecinos. Pero algo en ella seguía resistiendo. Y justo cuando pensaba que ya no podía más, un vecino le ofreció otro trabajo. Se fue a otras casas, y ahí empezó su crecimiento. Escuchaba la radio y veía la tele, todo en inglés, para aprender el idioma, ya que no podía ir a la escuela.

Hasta que un día, llegó con una familia maravillosa. La quisieron mucho y le dieron la oportunidad de estudiar. Ya no hubo más abusos. Estudió, aprendió inglés, siguió con la universidad, se graduó, hizo un doctorado y llegó a ser una persona muy intelectual. Mandó dinero a su familia en México, sacándolos de la pobreza. Y lo más grande de todo: se hizo científica de la NASA y ayudó en el proyecto del Apolo 11".

Entonces, ¡ZAS! Golpeó mi mesabanco y dijo: *"¡Esa soy yo, aquí estoy!"* Todos nos quedamos impactados. Siempre me sentaba al frente y cuando Miss Williams golpeó mi mesabanco, se inclinó para decirme en la cara: *"¡No te permito renunciar, tú eres una gran líder!"*. En ese momento comprendí que no podía, ni debía, rendirme. Yo había llevado a un grupo de mujeres, todas queríamos ser maestras, y con eso entendí que no podíamos darnos por vencidas. Me regañó, sí, delante de todos, pero me hizo entender que si yo pude, todas podemos.

Ella había vivido de primera mano la violencia, el hambre, el abuso, y a pesar de todo eso, se había convertido en una persona altamente educada y respetada. Su historia fue un despertar para mí y para todo el grupo.

Siempre he estado en la lucha de empoderar a las mujeres. Le dije a mi grupo, *"Muchachas, no nos vamos a rendir. Aunque las clases son 'bilingües', todas sabemos que no es así. Nos apoyaremos unas a otras"*. Y eso hicimos. Tomé firmas de todas para tener un papel que demostrara nuestra determinación.

Con ese documento en mano, fui directamente a la dirección del colegio y le dije a la secretaria, *"Necesito una cita con el señor Zazueta, y no me moveré de aquí hasta obtenerla. Lo que tengo que discutir es vital para nuestra comunidad"*. Finalmente, accedió a darme una cita.

Días después, allí estaba yo, de pie frente al director. *"Mucho gusto, soy Lupita Castellón. Gracias por recibirme"*, dije, estrechando su mano. Le expliqué todo: mi sueño de trabajar para mi comunidad, la necesidad de tener clases en español, y cómo un grupo de madres — solteras, divorciadas y viudas — queríamos ser maestras y líderes en nuestra comunidad. *"Aquí tiene las firmas que prueban nuestra necesidad"*, le mostré el papel firmado.

Le miré a los ojos y añadí, *"Si hace esto, usted ganará mucho más que nuestro respeto. Publicaremos en los periódicos que, gracias a usted, tenemos clases y prácticas en español"*. Y, ¿saben qué? Lo logré. Hoy, las clases en español en *Southwestern College* son una realidad gracias a la inspiración inicial de Miss William y a este valor y amor por mi comunidad que nunca he perdido.

De la misma forma en que fundé un parque y una escuela, también me convertí en un "Orgullo Hispano" de Univisión. Incluso llegué a obtener una beca en la Casa Blanca. Y cuando paso por esos lugares —mi parque, mi escuela—, no puedo evitar que las lágrimas broten al ver juventud y ancianos disfrutando del espacio.

Le dije al señor Tapia, que era el máximo responsable de la ciudad, *"Necesitamos un kiosco, un lugar para asados y un campo de fútbol para mantener a nuestros jóvenes sanos"*. Mi esposo, que se formó como coach para lidiar con jóvenes en situaciones de violencia doméstica, y yo trabajamos incansablemente para hacerlo realidad.

En la escuela, fui la primera madre que creyó en el sueño del director, el señor Ramírez. Todos lo ignoraban porque era muy joven. Pero levanté la mano y le dije: *"Yo creo en su sueño y lo voy a apoyar"*. Sus ojos se llenaron de lágrimas. Porque aunque todavía no había materializado mi propio sueño, ya sabía cuál era.

Me arremangué y empecé a llamar a otros padres. Fui casa por casa, entrevistando a cada uno. De ahí salió la investigación para mi manual *Aprendiendo a Vivir con Valores*. Me tildaron de loca, se rieron de mí, pero yo nunca perdí de vista lo que quería.

Así que, cuando miro atrás, veo el legado tangible que he dejado. Un legado que va más allá de mí, que ha tocado las vidas de toda una comunidad. Por eso, puedo decir con certeza que he vivido de acuerdo con mis sueños y mis valores, y que, en el proceso, he logrado cambiar un pequeño rincón del mundo. Y eso, queridas, es más gratificante que cualquier premio o reconocimiento que pueda recibir.

CÓMO SER MÁS EMPÁTICA

En efecto, **la empatía** es una de las habilidades más fundamentales que podemos cultivar, no solo para entender a los demás, sino también para enriquecer nuestras propias vidas. En el caso que nos ocupa, el de una familia enfrentando las dificultades de la adicción, la empatía se vuelve doblemente crucial. No se trata solo de entender el sufrimiento del hijo adicto, sino también de que él pueda percibir **que se le comprende y apoya**, que no está solo en su lucha.

Cuando logras ponerte en los zapatos del otro, te vuelves más vulnerable, pero también más humana, más completa. Te abres a nuevas perspectivas y experiencias que, en última instancia, pueden ser enormemente enriquecedoras. Esa es la magia de la empatía; no solo transforma al que recibe, sino también al que da.

Para aquellos que buscan aprender a ser más empáticos en el desafiante contexto de tener un hijo con adicciones, aquí hay algunos consejos:

Escucha activa: A menudo, la primera forma de demostrar empatía es escuchar, y no solo oír. Escucha lo que la otra persona está diciendo, siente lo que está sintiendo y comprende lo que está viviendo.

Evita juzgar: La empatía no se trata de encontrar una solución rápida al problema del otro. Se trata más de entender su mundo y cómo se siente en él. Así que evita juzgar y abrirte a comprender.

Haz preguntas: Puedes demostrar interés y preocupación haciéndole preguntas a tu hijo sobre cómo se siente y qué está pasando en su vida. Pero hazlo de una forma abierta y no inquisitiva.

Practica la paciencia: La empatía también requiere paciencia. A veces, la otra persona no está lista para abrirse o actuar inmediatamente. Entiende que cada persona tiene su tiempo y espacio para cambiar.

Comunicación no verbal: A menudo, las señales más poderosas que podemos enviar no vienen de nuestras palabras, sino de nuestro lenguaje corporal, de nuestro tono de voz y de nuestra disposición a estar presentes.

Cultiva la autocompasión: Ser empático con los demás también requiere que seamos capaces de ser compasivos con nosotros mismos. La autocompasión nos permite enfrentar nuestras propias imperfecciones y fallos, lo que a su vez nos hace más capaces de aceptar las imperfecciones y fallos de los demás.

Así que, querida lectora, si te encuentras enfrentando una situación difícil en tu matrimonio, en tu familia, con tu esposo o tus hijos, te invito a **practicar la empatía.** Es un camino hacia la comprensión mutua, la armonía y, en última instancia, la curación.

Recordemos que la empatía no es solo una palabra de moda o un concepto abstracto; es una práctica diaria que puede transformar vidas, tanto la tuya como la de aquellos a quienes amas.

Con la empatía ya sembrada en tu corazón, estás a punto de cruzar el puente hacia una destreza que cambiará tu vida. Deja que la empatía ilumine tu camino mientras te adentras en el próximo capítulo, donde te revelaré cómo las diferencias, en lugar de separarnos, pueden ser el terreno fértil para el crecimiento y la comprensión mutua.

Estás a un paso de descubrir cómo convertir cada desafío en una oportunidad para fortalecer tus relaciones y tu espíritu. Voltea la página y abrázate al poder transformador donde todos los involucrados estarán más unidos y fuertes.

SECRETO 5: RESOLUCIÓN DE CONFLICTOS

Cuando era pequeña, cuidaba al hijo de mis padrinos, que son muy especiales para mí. Este niño, que al crecer se sumió en las adicciones, era muy querido por todos nosotros. A pesar de que sus padres trabajaban incansablemente y siempre estaban allí para él, con el paso del tiempo se volvió una persona rebelde y conflictiva. Sus padres lo internaron en varios centros de rehabilitación, pero volvía a caer en el mismo ambiente, una y otra vez.

Pero ahora, años después, puedo decir con mucho orgullo que este joven se ha recuperado. Se casó, tiene hijos y una familia, y lo que es más importante, ha logrado alejarse de las adicciones que lo asediaban. ¿Cómo lo logró? Empezó a asistir a *Narcóticos Anónimos*, a retiros espirituales, y también se acercó más a Dios. Ahora no falta a sus sesiones y ha empezado, incluso, a dar charlas motivacionales a jóvenes en situaciones similares.

Lo vi nervioso antes de una de esas charlas, y le dije: "*Abre tu corazón, cuenta tu historia. Serás un testimonio viviente de que sí se puede cambiar*". Y eso hizo. Lo último que supe, es que estaba planeando visitar centros juveniles **para compartir su historia** y darles a los jóvenes en conflicto una chispa de esperanza.

Ahora, veo cómo cuida a sus padres, que ya son mayores, y cómo vive su vida de una manera completamente diferente. Es un claro ejemplo de que el amor y la lealtad pueden impulsar a una persona a dejar atrás su pasado oscuro. Él no solo encontró los recursos para superar sus dificultades, sino que hizo el compromiso personal de seguir adelante, sin mirar atrás.

Eso es lo más bonito de todo: ver cómo alguien puede superar los conflictos más profundos y reconstruir una vida desde el amor y la gratitud. Es una satisfacción enorme para mí, especialmente porque lo conozco desde que era un bebé. Mi madrina, la madre de este joven, ha sido como una segunda mamá para mí, y compartir esta historia de superación nos ha unido aún más como familia.

Por eso siempre digo que, no importa lo difícil que puedan parecer los conflictos de la vida, siempre hay una salida. Lo más importante es no dejar de luchar, porque los recursos están allí; lo que necesitamos es el compromiso y el valor para aprovecharlos. Y este joven es la prueba viviente de que sí se puede, y eso me hace sentir inmensamente orgullosa. Ahora goza de una vida plena, rodeado de amor y gratitud, y eso para mí es la mejor recompensa.

CONSEJOS A PADRES
EN SITUACIÓN SIMILAR

Si tú, querida lectora, te encuentras en una situación similar con tu hijo, lo primero que debes hacer es dejar de buscar culpables y empezar a buscar soluciones. Es fácil quedarse atrapado en un ciclo de culpa y remordimiento, pero eso no solucionará el problema. A continuación, te comparto algunos consejos que podrían ser útiles en esta situación.

Atención y presencia: Lo primero que debes hacer es asegurarte de que, como padres, **estén presentes en la vida de su hijo**. A veces nos preocupamos más por las cosas materiales y descuidamos las necesidades emocionales de nuestros hijos. Ese vacío puede ser peligroso. Cuando trabajamos para tener una casa bonita descuidamos a los hijos y cuando los padres no llenan ese vacío, **es muy**

común obtener estos resultados. A la falta de atención y presencia para nuestros hijos, ellos se sienten solos, se sienten abandonados.

Busca ayuda profesional: Si notas cambios físicos o de comportamiento en tu hijo, busca **ayuda profesional** inmediatamente. No esperes a que el problema se agrave. La intervención temprana es crucial para un tratamiento exitoso.

Centros de rehabilitación y apoyo espiritual: Trata de llevar a tu hijo a un centro de rehabilitación y, si es posible, **acércalo más a Dios** o a una estructura espiritual que pueda darle un nuevo enfoque a su vida.

Empatía y comprensión: Intenta entender lo que tu hijo está pasando. No lo juzgues; trata de **comprenderlo**. Es fácil caer en la tentación de culpar al adicto, pero la adicción es una enfermedad que necesita tratamiento, **no juicio.**

Negociación y límites: Si tu hijo se resiste a recibir tratamiento, necesitarás negociar. Esto debe hacerse con empatía, pero también con firmeza. Es un equilibrio delicado pero necesario.

Amor y confianza: Tal vez lo más importante es darle a tu hijo un voto de confianza y **mucho amor**. Cuando una persona está atrapada en el ciclo de la adicción, a menudo se siente como si hubiera perdido toda la confianza y el apoyo de los que le rodean. Oír un simple *"creo en ti"* puede hacer toda la diferencia en su camino hacia la recuperación.

Recuerda que **cada caso es único**, pero estos consejos generales pueden ofrecer un buen punto de partida. Enfrentar la adicción de un ser querido es un proceso largo y difícil, que requiere mucho amor, paciencia y apoyo. No estás sola en esto; hay recursos y comunidades que pueden ayudarte a ti y a tu familia a encontrar un camino hacia la recuperación. La clave está en no perder la esperanza y en actuar a tiempo. Tu **amor y apoyo** pueden ser el catalizador que tu hijo necesita para dar ese primer paso crucial hacia una vida mejor.

Prepárate para descubrir un **poder transformador** en el próximo capítulo. Estamos a punto de sumergirnos en un viaje hacia el corazón del Secreto #6. Algo que podría ser la chispa que encienda un cambio positivo en tu vida y la de tus seres queridos. No te detengas...

SECRETO 6: AGRADECIMIENTO

El agradecimiento es una virtud que a menudo se pasa por alto, pero en mi experiencia con CCIFA, puedo decir que se trata de un pilar fundamental. Agradecer no es solo un acto de cortesía, es un reconocimiento sincero del esfuerzo y la dedicación que otros han puesto en un proyecto o en tu vida. Cuando eres agradecida, de alguna manera estás honrando la contribución de esas personas a tu camino.

Ser agradecida tiene el poder de abrirte muchas puertas. Cuando las personas ven que actúas de manera desinteresada y agradecida, están más inclinadas a ofrecer su apoyo.

En estos tiempos, no todos entienden el valor del

agradecimiento; a veces por ignorancia o simplemente por desinterés. Pero la gratitud te permite ver, más allá de ti misma, y reconocer el papel crucial de otros en tu vida y en tus logros.

No solo eso, el agradecimiento te aporta una tranquilidad emocional única, una seguridad que viene de saber que no estás sola en tu camino. Saber que hay personas que comparten tu visión y que están dispuestas a caminar junto a ti es invaluable. Y cuando agradeces, no solo estás abriendo puertas, sino que estás fortaleciendo los lazos del corazón.

Podría pasar horas hablando de la importancia de la gratitud, porque el primer regalo y el primer agradecimiento de la vida es la vida misma. El ser agradecida te hace una mujer con mucho amor.

"Pero ¿cómo puedo ser agradecida si mi esposo me está maltratando?", quizá alguien se preguntará.

Entender cómo ser agradecida en situaciones de maltrato o violencia doméstica es un tema sumamente delicado y complicado. No se puede ni se debe agradecer el maltrato ni el abuso bajo ninguna circunstancia. Es crucial distinguir entre las acciones y cualidades de una persona que merecen reconocimiento y las que simplemente son inaceptables.

Si te encuentras en una situación de violencia doméstica, lo primero es buscar ayuda profesional y el apoyo de seres queridos. Sin embargo, si estás en un punto en el cual un diálogo aún es posible, puedes intentar comunicarte de forma efectiva con tu esposo o pareja.

Eso no significa que estés agradeciendo el maltrato, sino que estás intentando abrir un canal de comunicación para abordar los problemas.

Es fundamental ser buena comunicadora en esos momentos, y esto implica saber escuchar y también expresar tus propios sentimientos sin agresión. Si el ambiente se torna propicio para una conversación sincera, puedes señalar las cosas que aprecias de la otra persona, pero también debes ser claro sobre lo que no estás dispuesto a tolerar.

La comunicación en estos casos es ardua y emocionalmente desgastante, pero si hay algo que puede ser rescatable en la relación, la comunicación efectiva podría ser un primer paso. No obstante, si la situación no mejora o si hay un patrón continuo de abuso, es crucial tomar medidas para protegerse, incluso si eso significa alejarse de la persona que te está dañando.

Es muy difícil tratar estos temas, especialmente porque involucran emociones profundamente arraigadas y patrones de comportamiento que muchas veces son difíciles de romper. Pero es crucial recordar que el agradecimiento no es aplicable en contextos de abuso o maltrato. En tales situaciones, lo que prevalece es la necesidad de protegerse y buscar bienestar, tanto físico como emocional.

La autoestima y el amor propio son fundamentales para no tolerar abusos. No tienes por qué aguantar que otra persona te insulte o te maltrate. Tienes derecho a vivir una vida llena de respeto y dignidad.

En situaciones difíciles, tienes que estar dispuesta a escuchar, aunque no estés de acuerdo. A veces, es difícil abrirse a otras perspectivas, especialmente cuando sientes que tienes la razón, pero aquí es donde entra la empatía y el entendimiento. No podemos vivir en un mundo donde todos piensan igual, y para ser sincero, eso sería muy aburrido.

Ahora bien, si tienes un problema, ya sea en tu relación o con alguna otra situación, es fundamental que busques ayuda. No estamos solos en este mundo, y muchas veces necesitamos de otros para encontrar soluciones.

Si te encuentras en una circunstancia complicada, acude a tu iglesia, habla con tu pastor. También puedes buscar ayuda profesional, como un psicólogo o un mediador de justicia.

Estos profesionales están entrenados para ser neutrales y te pueden proporcionar herramientas para lidiar con tus problemas. No tienes que hacerlo sola. A veces un café y una buena conversación pueden abrir puertas que parecían cerradas.

Ahora bien, recuerda que la felicidad y la gratitud están en ti. No tienes que buscarlas en el exterior, ya que cada una de nosotras tiene la capacidad de crear su propia realidad. Es como Dios o como el aire; aunque no lo veas, puedes sentirlo en tu corazón. La felicidad está ahí, solo tienes que saber cómo acceder a ella.

Te animo, querida lectora, a que luches por tus sueños, igual como yo luché por mi fundación. No te quedes atrás pensando en lo que podría haber sido.

Busca ayuda si la necesitas, porque hay mucha ayuda disponible. Hay muchas personas que estamos dispuestas a trabajar para satisfacer las necesidades de las familias y de los hogares.

Estamos llegando a la cúspide de nuestro viaje juntas. Te invito a dar un paso más hacia la plenitud que te mereces. La gratitud abre puertas, sí, pero el secreto final que compartiré contigo en el próximo capítulo, es el que cimentará tu transformación y resplandecerá tu verdadero valor.

SECRETO 7:
EL RECONOCIMIENTO

En el contexto de problemas familiares, el reconocimiento puede ser una herramienta muy poderosa. Te voy a compartir mi punto de vista, porque es algo muy serio. Imagínate que tienes un hijo adolescente que se está portando mal. Puede ser difícil reconocer algo bueno en su comportamiento, ¿verdad? Pero ahí está el truco.

Lo primero que debemos hacer es entender por qué se está comportando mal. Aquí es donde entra el diálogo abierto. Como mamá, tienes que estar dispuesta a escuchar, a abrir ese canal de comunicación. Si yo tengo un hijo que se está portando mal, lo primero que hago es sentarme frente a él y decirle: *"Mijo, últimamente te he notado un poco desorientado, ¿qué está pasando? ¿Tienes problemas en la escuela?"* Aquí es donde, como madre, le doy la confianza para que se abra y hable.

Mira, soy de carácter fuerte, pero en estos casos, bajo el tono de mi voz. Lo miro a los ojos y le digo: *"Quiero saber cómo te sientes, qué está pasando".* Y aquí viene lo más importante: el reconocimiento. Le digo: *"Yo creo en ti".* Con esas palabras, le estoy dando la confianza que necesita para saber que, a pesar de sus errores o mal comportamiento, tiene **el potencial para cambiar y mejorar**. Estoy reconociendo sus capacidades y fortalezas, incluso **si están ocultas** detrás de un mal comportamiento.

Este acto de reconocer no es solo para los hijos; también aplica a las relaciones de pareja, a los amigos, y a cualquier persona con la que tengas una relación significativa. Cuando reconoces las cualidades y esfuerzos de los demás, creas un ambiente donde la **confianza y el amor** pueden florecer. Y te digo, cuando hay confianza y amor, los problemas se vuelven más manejables.

Si ves que tu hijo se está portando mal, yo te sugiero que primero tengas ese diálogo. Bajas tu tonalidad de voz, le haces ver que confías en él, para que él te pueda decir sus cosas. Porque, créeme, donde hay confianza, la gente se abre. A lo mejor te va a empezar a platicar: *"No, pues un compañero me dio algo, una bebida, o algo"* o *"No me siento bien"* o *"Terminé con mi novia"*. Lo escuchas, ¿verdad? Pues bien, él ya te va a decir.

Ahora, ¿qué pasa si no te quiere decir nada, y sigue callado? Tú tienes que ser lo suficientemente astuta para hacer que él abra su corazón y te diga lo que pasa. Entonces, lo abrazas, lo reconoces, y le empiezas a decir: *"Mira, hijo, yo reconozco que tú eres un buen hijo. Reconozco que Dios te dio la vida a través de mí, reconozco que tienes muchas habilidades y cualidades, etc."*.

Solo ámalo.

LA VÍCTIMA
DEL HURACÁN KATRINA

Voy a relatarte la emotiva historia de un brasileño de color, muy alto y muy guapo, que llegó aquí a San Diego tras ser víctima del devastador huracán Katrina. Este hombre se encontraba en un momento tan oscuro de su vida que andaba vagando en las calles con pensamientos de suicidio.

Un día, se cruzó en la calle con un desconocido a quien le pidió un cigarro. Al darle el cigarro, esta persona vio que estaba bañado en llanto y le preguntó por qué estaba llorando, y el brasileño le dijo: *"Este es mi último cigarro en la vida. Después de esto me voy a suicidar, ya no hallo la salida"*. Entonces le compartió su desesperanza, revelando que había perdido todo a causa del huracán, incluso había dejado a su hija discapacitada al cuidado de un tercero. Sentía que había llegado a un callejón sin salida.

El desconocido, con una mezcla de compasión y firmeza, le dijo: "*No, no, no, no pienses de esa manera. Yo puedo y quiero ayudarte. Conozco a alguien que puede hacer algo por ti*". A pesar de ser de noche, este buen samaritano lo subió a su camioneta, le ofreció su propia chamarra para abrigarlo y lo llevó frente al edificio donde yo trabajaba. "*Ahí, busca mañana a Lupita Castellón; cuéntale todo lo que te está pasando. Ella sabrá cómo ayudarte*", le aseguró.

Pero el brasileño le dijo: "*No tengo dónde dormir esta noche... estoy en la calle*". El desconocido, con un gesto de alivio, le explicó: "*Mira, por aquí hay unos tráileres que se estacionan cada noche. Al día siguiente se los llevan, pero puedes pasar la noche en uno de ellos. En la caja del tráiler estarás resguardado*". Así fue cómo pasó la noche.

Al día siguiente, apenas abrían las puertas de mi oficina, llegó este hombre a buscarme. Yo aún no había llegado, pero mis secretarias ya estaban ahí, preparándose para empezar el día. Una de ellas, Yoly, me llamó: "*Lupita, hay un señor aquí, muy insistente. Se ve en mal estado y dice que necesita hablar contigo de inmediato*".

Le respondí: "*Yoly, hazme un favor. Estoy a unos 20 minutos de llegar, pero mientras tanto, dale de comer algo. Sabes que siempre tenemos platos preparados en el congelador por las despensas que damos*". En el comedor de nuestro edificio, que era bastante amplio y agradable —un edificio del Estado que nos cedían gratuitamente— Yoly hizo lo que le pedí. Sacó un plato de comida, lo calentó y lo llevó al comedor.

"*Siéntate con él y entretenlo en lo que yo llego*", le pedí a Yoly.

Yoly estuvo escuchando la historia de este señor y le dijo algo más: "*Fíjese que yo tuve un sueño*", le dijo él. "*Yo soñé que la señora Lupita es chaparrita, de pelo cortito y como que anda mala de un pie*". En eso yo iba llegando y alcancé a escuchar lo que decía. Me quedé parada en la puerta, asombrada, pues en esos días, yo estaba cojeando debido a un problema en el talón. Al escuchar eso, no pude evitar sentir escalofríos.

Cuando dije "*Buenos días*", se volteó, me miró y sus ojos brillaron: "*¡Ay, ella es! ¡Yo la soñé!*" El impacto emocional de ese instante me dejó sin palabras. Pero le extendí mi mano y atiné a decir solamente: "*Bienvenido, mucho gusto*". Sus ojos se llenaron de lágrimas mientras empezaba a repetir su historia, la misma que ya le había contado a mi secretaria Yoly. *"No te preocupes"*, le aseguré, *"Te voy a ayudar. Pero no pienses en suicidarte, prométemelo. ¡La vida es muy bonita!"*.

Aunque su español era imperfecto —había vivido, no recuerdo bien si en Miami— nos entendimos con mi "inglés playero". Este hombre, grandote y moreno, me contó que había sido futbolista profesional en Brasil, incluso había sido entrenador.

"Okay, ven conmigo", le indiqué. Lo guié a mi oficina y le ofrecí un asiento. *"Yoly, ¿podrías traerle un café o lo que desee tomar?"*, pedí. Mientras Yoly preparaba el café, aproveché para hacer una llamada. Tengo el contacto de un hotel en San Ysidro donde suelen alojar a personas en situaciones complicadas sin cobrarles renta. Hablé con la hija de la dueña del hotel, una mujer siempre dispuesta a ayudar.

"Mijita, tengo un caso urgente", le dije con mi voz temblando. Le expliqué brevemente la situación y ella no dudó: *"Sí, Lupita, tráelo. Le daremos tres meses gratis mientras se acomoda"*. Colgué el teléfono y le comuniqué la noticia al brasileño, quien rompió a llorar.

"Pero antes de llevarte, espera un momento", le indiqué mientras hacía otra llamada. Me contacté con otra organización que proporciona ropa a los necesitados. *"Necesito ropa de talla 2XL, quizás 3XL; camisetas, pantalones, lo que puedas"*, pedí. *"Claro Lupita, te prepararemos una bolsa"*, me respondieron.

Le di instrucciones a Yoly: *"Prepara latas de atún, galletas y cosas que él pueda abrir y comer fácilmente. Hazle una despensa bien surtida"*. También decidí comprarle cigarrillos, pues noté que fumaba mucho.

Finalmente, mi esposo y yo lo llevamos al hotel en San Ysidro. Presenté al señor a la administradora, quien le asignó una habitación. También le llevamos la ropa y la comida que habíamos recopilado para él.

"Ahora todo depende de ti", le dije al despedirnos. Le entregamos *tokens* para el transporte público, para que no tuviera que preocuparse por el costo del transporte.

En esos días, me encontraba sumida en múltiples obras benéficas, inmersa en mi labor de ayudar a los demás. Los meses pasaron como una ráfaga de viento, sin noticias de él, hasta que un día me llamaron desde la recepción:

"*Lupita, hay alguien aquí que quiere hablar contigo*". Mi corazón se aceleró. Por lo general, cuando alguien me buscaba, era para tratar algo de los casos de mediación de Justicia. "*Voy enseguida*", respondí.

Salí de mi oficina y me dirigí a la recepción, era un pasillo bastante largo para llegar hasta allá. Mientras caminaba me preguntaba "*¿Quién me buscará?*". Al llegar, lo vi. Ahí estaba, de pie, irreconocible. Era el brasileño, pero esta vez estaba totalmente renovado, transformado. Venía portando una elegante corbata y su traje bien cortado. Cuando le vi, no podía creerlo; era él, pero era otro. "*Lupita, ¿puedo abrazarte?*", me preguntó con una sonrisa que iluminaba su rostro. "*Por supuesto*", le respondí. Ya te imaginarás, él estaba bien grandotote... y yo pues... le llegaba, yo creo que a la cintura, pero aun así, me abrazó con mucho afecto.

"*Ven, quiero mostrarte algo*", me dijo. Salimos al estacionamiento y allí estaba: una camioneta blanca enorme, cargada de verduras frescas. "*Ya soy un empresario, Lupita. Este es mi negocio y estoy a punto de traer a mi hija, que necesita cuidados especiales, para vivir aquí conmigo*".

Las palabras casi se quedaron atascadas en mi garganta. Recordaba aquel día en que llegó a mi oficina, desesperado y al borde del abismo, destruido. Hablamos en privado, y durante esa conversación, había tratado de infundirle algo de esperanza y fortaleza emocional. Y aquí estaba ahora, delante de mí, un hombre transformado, lleno de vida y de éxito.

"Lo lograste", le dije, mis ojos también llenos de lágrimas. *"Y quiero que sepas algo. Lo más importante es que tú decidiste seguir adelante, a pesar del dolor y la depresión. Tu vida es un testimonio de la resiliencia humana"*.

Él asintió, su mirada llena de entendimiento y gratitud. *"Sí, Lupita. Y nunca habría llegado aquí sin tu ayuda. Gracias por creer en mí cuando ni yo mismo lo hacía"*.

A medida que se alejaba en su camioneta, llena de verduras y de sueños, supe que había cumplido mi misión, no solo como trabajadora social, sino como ser humano. A través de la desesperación y el dolor, él había encontrado un nuevo comienzo, y yo había tenido el privilegio de ser parte de ese viaje.

El dar reconocimiento a alguien, aun cuando esté en el fondo del abismo, es más que solo ver el éxito potencial;

es ver el esfuerzo detrás de cada lucha, el valor de cada intento, y la importancia de cada mano que ayuda. Él reconoció su potencial, yo reconocí su humanidad, y ambos reconocimos el poder del apoyo y la empatía para cambiar vidas. La vida nos pone **pruebas,** y cómo las enfrentamos es crucial, pero el reconocimiento del esfuerzo y la transformación es lo que completa el círculo. Algo que nos da la fortaleza para seguir adelante.

EL ACTO DE RECONOCER

Reconocer no es solo un acto de ver, sino un acto de amar. Reconocer a tu hijo por sus talentos y habilidades es ver el mundo de posibilidades que tiene ante sí. Yo vi en aquel hombre un potencial inmenso, un ser humano con tanto por ofrecer que no podía permitir que se perdiera en la oscuridad. Él era más que un padre para su hija inválida; era un maestro, un líder, un ejemplo a seguir. Entonces, lo impulsé a verlo en sí mismo, y el resultado fue transformador.

Ahora, antes de sentarte con tu hijo para hablar, toma una hoja y un lápiz. Haz una lista de sus talentos, de sus habilidades, de todo lo bueno que ves en él. Y sí, yo sé, es más fácil centrarse en lo malo, pero te prometo, te garantizo, que tu hijo tiene más bien que mal en su ser.

¿Tu hijo habla? Eso es comunicación. ¿Escucha? Eso es empatía. ¿Tiene sentido de la vida? Eso es tener metas y ambiciones. ¿Va a la escuela? Eso es dedicación. Si sientes que tu hijo es un rebelde, piensa en las veces que ha mostrado obediencia. ¿Es organizado? Aunque sea en pequeñas cosas, eso cuenta. ¿Tiene fortaleza? En deportes, en actividades, en su forma de enfrentar desafíos, eso cuenta. Haz la lista y verás cuánto bien hay en él.

Y ahora, fíjate en sus pasiones. ¿Le gusta la música, la pintura, los deportes, la ciencia? Eso te dirá mucho sobre su potencial, sobre su camino en la vida. Escribe esos talentos, esas habilidades y cualidades. Ponlo todo en esa hoja. No te limites; más es más en este caso.

Una vez que tengas esa lista, te será más fácil dialogar con tu hijo, reconocerle su valía y orientarlo en la dirección correcta. Y más importante aún, le estarás dando el regalo más valioso de todos: el reconocimiento, el sentimiento de ser visto y valorado, el pilar para construir una vida significativa.

¿Sabes lo que le dije a aquel hombre? Que la vida es bella, pero solo si tú la ves así. Pues bien, haz que tu hijo vea la belleza en su propia vida, y al hacerlo, encontrarás la belleza en la tuya.

Ahora pasemos a lo "malo" que ves en tu hijo. ¿Es rebelde? ¿Es grosero? ¿Es flojo? Bueno, ¿y qué? Pongo "malo" entre comillas porque lo que consideramos como malo a veces es solo una etapa, un aprendizaje, un camino para convertirse **en alguien mejor**. Ahora, pon esas listas lado a lado, y te vas a dar cuenta de que las cosas buenas superan con creces, las malas. Pero, ¡qué duro es!, lo sé. Reconocer es difícil, sobre todo si no sabemos negociar.

Yo te voy a contar cómo lo hacía yo con mi hijo, el que ahora es militar. A él no le gustaba para nada aspirar, y a mí me interesaba que sacara la basura. Entonces, le ponía dos opciones: "*Mijo, ¿me sacas la basura o prefieres aspirar?*". Ya sabía que iba a escoger sacar la basura, ¡y era precisamente lo que yo quería!

Así que, mi estimada lectora, aprender a negociar con un adolescente no es tarea fácil, pero no es imposible. Por ejemplo, si su papá los va a llevar al juego el domingo y a tu hijo le encanta ir, puedes decir: "*¿Qué prefieres, hijo? ¿Ir al juego el domingo o hacer esto?*", y verás cómo rápidamente él se inclinará por lo que realmente quiere.

La negociación es una herramienta poderosa, pero más poderoso es dar **reconocimiento**. Si aprendemos a reconocer las cualidades y talentos de nuestros hijos, si les mostramos que los vemos tal como son y lo valoramos, entonces negociar se convierte en un acto mucho más sencillo y lleno de amor.

¿EN QUÉ MOMENTO DE MI VIDA PERDÍ MI REALIDAD EXISTENTE?

El objetivo de este capítulo es comprender que:

No me sirve de nada tener conocimiento si estoy perdida de mi realidad existente.

Cuántas veces te pierdes y no te das cuenta. Yo duré más de dos años en una depresión, ¡y no lo sabía! Estando en una situación así se pierde la misión, la visión, el objetivo y se desenfoca totalmente.

Sin ser consciente, muchas veces dejé mi identidad por complacer a otras personas que me hicieron tanto daño, ya sea psicológico o emocional. Y, claro, pues, ¡porque yo lo permití! Poco a poco me fui reprimiendo de mis habilidades, mis talentos, de esos talentos que Dios me dio, por quedarme callada, solo para que los demás no se sintieran mal. Siendo una persona de valores y de amar a los demás, poco a poco perdí el entusiasmo, un entusiasmo que me caracterizaba donde quiera que iba; perdí mi magia, mi carisma, la pasión de lo que hacía, dejé de servir a los demás.

Y me di cuenta de que, cuando hablaba de mis logros, a otros les molestaba. No a todos les gustaba, pero yo lo hacía para motivar a otras personas, compartiendo historias, resultados y éxitos. Claro, hay personas que nunca han hecho nada en sus vidas y nos critican porque nos hemos atrevido a dejar un legado, porque hemos recorrido una trayectoria de muchos años.

El éxito nadie lo perdona. Servir a los demás tiene un precio. El éxito es la realización progresiva de un sueño. Pero te encuentras con gente que te esconde, que les molesta tu participación, tus habilidades. Percibes que quizás no tienen corazón; los domina la envidia, el celo. No tienen quizás la capacidad de ser diferentes.

Cuando tienes la conciencia de que todo lo que has pasado, tú lo has permitido siempre, te menosprecias.

Te das cuenta de que estabas perdida en el dolor, en la tristeza, sin ganas de nada.

Pero todo ese dolor que he vivido, fue solo para crecer como un ser humano con más fuerza. **Hoy soy en verdad una mujer de fortaleza.**

¿Y qué me ocasionó ese dolor? ¿Qué me hizo sentir tristeza, desánimo, silencio, desamor, dolor en el alma, depresión, desesperación y dolor físico? ¿Cómo actué como alguien "normal" para apoyar a otras personas que estaban perdidas? No hay palabras para expresar lo que se siente en el corazón al reconocer todo lo que se ha sufrido, al reconocer que perdí, sin saber, mi realidad existente. Ahora, con determinación, he decidido no volver a permitir que me menosprecien.

Y, ¿por qué? Porque como tú, soy un ser extraordinario, único y lleno de amor, amor a lo que hago; estoy llena de valores, de gratitud, de fe, de seguridad, de seguridad en mí misma. Hoy es el primer día de mi nueva vida y no le tengo miedo a nada ni a nadie.

Pero, ¿en qué me refugié? ¿Qué fue lo que tomé como refugio en el dolor? En la comida, en la tristeza, en la negación, en el cigarro, en el juego compulsivo, en la conmiseración, en la inseguridad, en el miedo, la flojera, el coraje, la monotonía, la enfermedad, la enfermedad del alma, la mentira, las deudas, la ansiedad. En eso me refugié.

Entonces, ¿qué perdí? Perdí el respeto a mí misma, la dignidad, el tiempo, la misión, la visión, el objetivo, el enfoque, los sueños, las metas, las relaciones amistosas, la conciencia. ¡Toqué fondo! El carácter, la autoestima, el liderazgo, la pasión, el entusiasmo, la acción, la persistencia, el presente, el ánimo, las creencias. Eso fue lo que perdí.

¿Por qué? Porque no me di valor y no me tuve respeto, porque tuve miedo a la crítica, para que no hablaran mal de mí, por no hacer sentir mal a otras personas, por no reconocer que tenía algo diferente a los demás, por miedo a la inseguridad, por permitir que me abusaran, por miedo a lo desconocido, por no salir de mi zona de confort, por no tener amor propio, por no aceptar mis limitaciones, por no reconocer mis habilidades, por falta de responsabilidad, por falta de compromiso.

Hoy, mi responsabilidad, ¿cuál es? Me hago responsable de lo que hasta hoy he vivido, pues los demás no tienen la culpa de nada. Nadie me obligó a hacer nada. Yo tomé mis propias decisiones, buenas o malas, y he pagado yo mis propias consecuencias, las de mis actos, algunos quizás por cobardía, ignorancia o comodidad. Y de todos los resultados, solo yo soy responsable. Y por eso mismo, me doy cuenta de que hoy soy parte de una nueva vida, con total responsabilidad y coherencia en lo que hago y digo.

¿Cómo brota de nuevo mi vida entre las sombras? Comienza con un profundo análisis de mi ser, ¿quién soy yo verdaderamente? ¿En qué fallé? Necesito tomar responsabilidad de esos actos y verme con valor, alguien a quien no se le puede poner un precio. El perdón hacia mí misma se vuelve la caricia que alivia las heridas del pasado, liberando mi carácter y revelando mi verdadera identidad. Entro en un profundo estado de conciencia donde cada parte de mí que muere, resurge con más fuerza y claridad. Y paso a la acción masiva, aceptando y reconociendo que ese proceso que viví fue solo para crecer como persona; una mujer con una gran misión en esta vida, empoderada, ya limpia de todo para resurgir mi misión, para seguir ayudando y empoderando a mujeres.

Y muy importante, ¿en qué voy a trabajar? En siete áreas de equilibrio: espiritual, emocional, social, económica, relaciones de pareja, relaciones familiares, y perdón. Una vez que trabaje en cada una de esas áreas de equilibrio, me podré dar cuenta en dónde necesito trabajar más.

Pero debo trabajar más en la séptima área, **la más importante de todas**: el área del perdón, el perdón de mí misma, desde el fondo de mi corazón.

Desde este momento y para siempre, me perdono por no haber tomado responsabilidad de mis hechos y mis acciones. Ya no soy culpable.

Desde el día de hoy, soy una *mujer de fortaleza*.

CONCLUSIÓN

Recuerdo una tarde, sentada en el porche de la casa de mi abuelita, mientras ella tejía y yo escuchaba atentamente sus sabias palabras. Ella decía: "*Lupita, la familia es como este tejido, cada hilo representa un valor, una lección, un secreto*".

A lo largo de los años, he descubierto la verdad detrás de sus palabras y he compartido con ustedes estos hilos que construyen relaciones fuertes y amorosas.

Vamos a recordar ahora lo que hemos compartido. Aquí tienes un pequeño resumen de mis siete secretos:

- **SECRETO 1: Autoestima.** Quererte a ti misma es la chispa que enciende el amor sincero hacia los demás.
- **SECRETO 2: Comunicación:** Hablar desde el

corazón y escuchar con el alma fortalece los lazos que unen nuestras vidas.

- **SECRETO 3: Valores:** Son como el faro que guía nuestro barco familiar, iluminando el rumbo correcto incluso en las noches más oscuras.
- **SECRETO 4: Empatía:** Al mirar con los ojos del otro, sentimos sus alegrías y penas como si fueran propias, y eso es el verdadero amor.
- **SECRETO 5: Resolución de conflictos:** Las diferencias son oportunidades disfrazadas para crecer juntos y fortalecer nuestra unidad.
- **SECRETO 6: Agradecimiento:** Celebrar cada bendición, por pequeña que sea, llena nuestro hogar de alegría y abundancia.
- **SECRETO 7: Reconocimiento:** Ver y valorar el brillo único de cada miembro de la familia es el regalo más precioso que podemos dar.

Con estos secretos, estoy segura de que ahora llevarás en tu corazón las herramientas para hacer frente a cualquier desafío en tus relaciones. Piensa en un futuro en el que las risas sean la música de tu hogar, en el que cada charla con tus seres queridos sea una puerta a un lazo más fuerte. Imagina esas reuniones familiares llenas de alegría y cariño. Ese futuro está aquí, a un paso, esperando por ti.

Gracias de corazón por compartir este viaje conmigo. Gracias por darme la oportunidad de compartir contigo en este libro.

Ahora, con amor y entusiasmo, te digo: ¡Adelante! Pon en práctica todo lo que hemos conversado y deja que el amor florezca.

LUPITA CASTELLÓN

PD: No te detengas aquí. Te invito a que sigas caminando a mi lado yendo a ver mi minicurso gratuito titulado:

**"3 Secretos Para Dominar
La Comunicación En Pareja"**

Un entrenamiento en vídeo donde aprenderás a mejorar tus habilidades de comunicación en pareja, promoviendo relaciones saludables y satisfactorias.

Este es el enlace: www.LupitaCastellon.com/regalo

LUPITA CASTELLÓN es psicoterapeuta, coach, conferencista, emprendedora y autora *bestseller*. Es también fundadora de la organización sin fines de lucro CIFFA, fundación que apoya a familias disfuncionales a encontrar paz y fortaleza. Su destreza como mediadora de justicia en resolución de conflictos le ha otorgado reconocimiento en la comunidad.

Honrada como "Orgullo Hispano" por Televisa-Univisión Radio y reconocida por su liderazgo en la Casa Blanca, Lupita es una sobreviviente de cáncer y una destacada defensora de los derechos humanos. Con dos licencias internacionales en Psicoterapia, su activismo se extiende a escuelas, hospitales, cárceles y más.

Su capacidad de liderazgo también se refleja como asesora en fundaciones, representante en juntas consejeras y mentora en proyectos comunitarios, participando en múltiples programas de radio, prensa y televisión. Su espíritu altruista resalta al ser voluntaria en más de 29 organizaciones sin fines de lucro.

Como defensora en violencia doméstica, Lupita se ha esforzado en rescatar víctimas, ofreciendo consejería en centros de rehabilitación y trabajando con niños de la calle y mujeres afectadas.

También, su éxito ha sido notorio dentro de las redes de mercadeo, alcanzando un Triple Diamante Internacional.

Nacida en Tijuana, Baja California Norte y ahora residente en San Diego, California, disfruta de la lectura, la cocina y viajar. Se deleita en la compañía de su familia, valora la limpieza y el orden, y es apasionada por el desarrollo humano. Además, gusta de compartir con amigas, disfrutar de la presencia de su esposo, ir de compras y escribir.

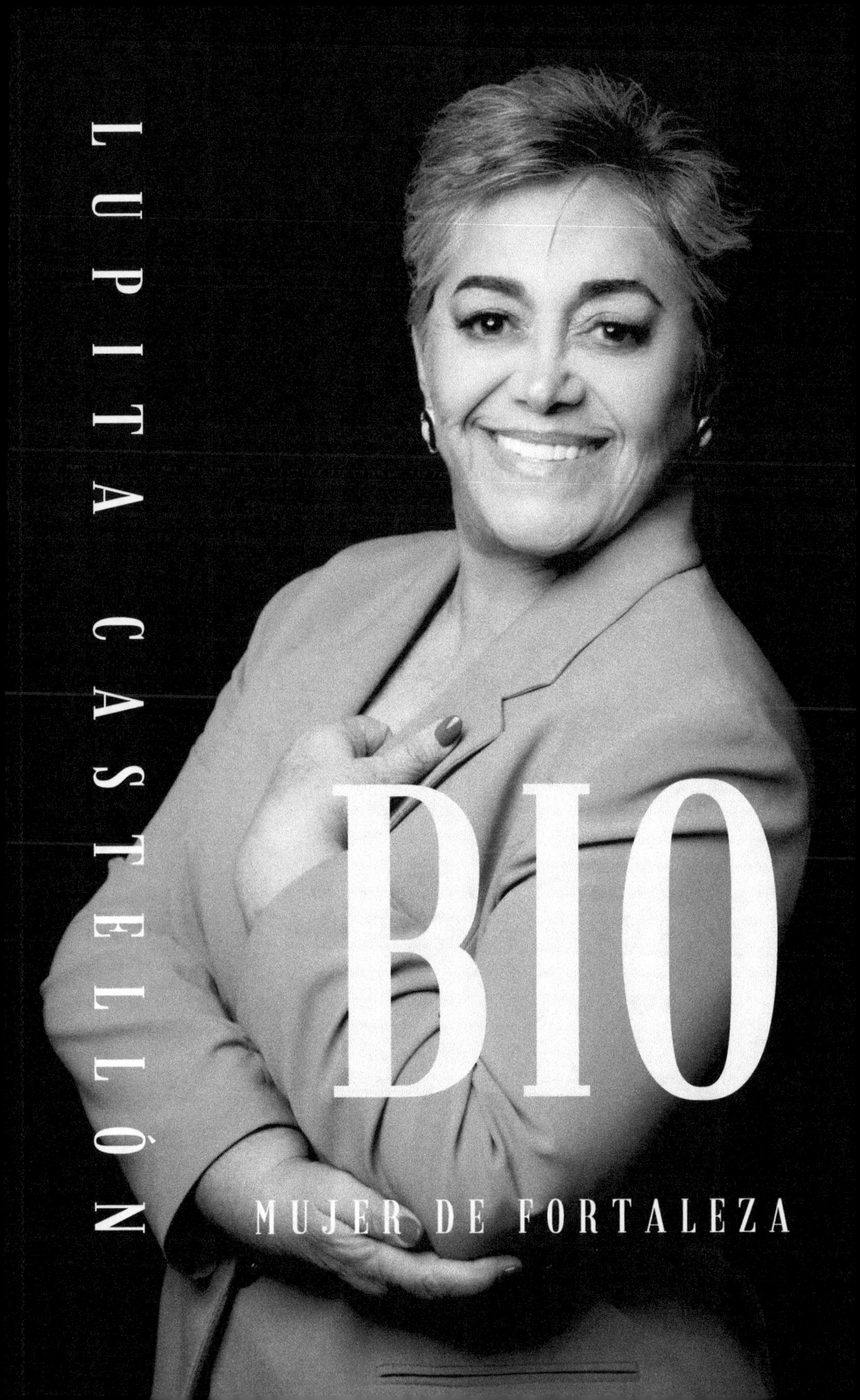
LUPITA CASTELLÓN
BIO
MUJER DE FORTALEZA

¡Gracias por leer!
Esperamos que hayas disfrutado de este libro

Lupita Castellón lee cada comentario publicado en su página de Amazon.

Le agradeceríamos que compartiera su opinión acerca de esta obra, pues así ayudará a otros lectores a tomar sus propias decisiones para invertir su propio tiempo y recursos en este contenido.

<u>Dos cosas antes de que deje su comentario:</u>

Primero, pedimos solo comentarios francos, que reflejen el verdadero impacto que este libro causó en usted.

Segundo, que estos comentarios sean prácticos con la intención de ayudar a otros a tomar sus propias decisiones.

Así que, si usted ha disfrutado este libro y quiere notificar a la autora, así como a los futuros lectores acerca de sus impresiones, puede dejar su comentario y sus estrellas yendo en este momento a la página de Amazon.

Simplemente, busque en Amazon el nombre del autor o el nombre de este libro.

Con gratitud,

Editorial Misión

SERVICIO DE MENTORÍA 1-1

Ayudo a Familias
Disfuncionales a Tener
Paz y Fortaleza

Servicios

Sana Tu Matrimonio
Conecta Con Tus Hijos
Supera Tus Miedos
Crea Tu Negocio
Emprende Mejor

Contáctame

info@LupitaCastellon.com
www.LupitaCastellon.com

UN REGALO ESPECIAL

ENTRENAMIENTO:

3 SECRETOS PARA DOMINAR LA COMUNICACIÓN EN PAREJA

EN VIDEO

Descubre herramientas valiosas que complementarán tu aprendizaje y fortalecerán las habilidades de comunicación con tu pareja.

GRATIS

www.LupitaCastellon.com/regalo

CONFERENCIA

AUTOESTIMA
TOTAL

Empresas
Fundaciones
Escuelas
Recursos Humanos

- Eleva Tu Confianza
- Fortalece Tu Identidad
- Mejora Tus Relaciones
- Autorealízate
- Aumenta tu Resiliencia

CONTACTO

✉ info@LupitaCastellon.com

🌐 www.LupitaCastellon.com

www.ingramcontent.com/pod-product-compliance
Lightning Source LLC
LaVergne TN
LVHW020054090426
835513LV00030B/2181